「聞く力」こそがリーダーの武器である

國武大紀

フォレスト出版

はじめに

以前、私が組織で働いていた頃のことです。
長年の現場経験を積み重ねたあと、英国の大学院で組織心理学の修士号を取得して帰国した私は、新しい部署で20人の部下を抱えるリーダーになりました。

「尊敬されるリーダーになりたい」

そう思っていた私は、部下を持つ責任あるリーダーとして、身の引き締まる気持ちで仕事に取り組もうとしていました。
「リーダーたるもの部下から少しでも早く信頼が得られるよう努力しないといけな

い」と思い、帰国後2～3ヵ月は、わき目も振らずに頑張って働いていました。

やっと少し落ち着き始め、職場にも慣れた頃でしょうか、部下数人がぞろぞろと私のところに怪訝そうな面持ちでやってきました。

「ちょっとお伝えしたいことがあるのですが……」

部下の一人が重たそうに口を開きました。

どうも部下たちの様子が変です。「何かあったの？」と私が聞くと、部下たちは互いの顔を見合わせながら、ためらいがちに答えました。

「もう少し私たちのこと、わかってもらえませんか？」

予想もしなかった部下たちの発言に、私はまったくわけがわかりませんでした。

自分では部下の意見をよく聞いているつもりでしたし、責任あるリーダーとして毎日終電になるまで一生懸命頑張っていたつもりでした。なぜ、そんなことを言われなくてはいけないのかと、まったく不本意でした。

「わけがわからないので、もう少し具体的に教えてほしい」と私が言うと、どうも私は「仕事中、声をかけづらい」、「私たちのことを見てくれているようで見てくれていない」とのことらしいのです。

部下たちは、私とほぼ同年代だったこともあり、忌憚なく正直に伝えてくれたのですが、本当にショックでした。

私はリーダーとして信頼を知らぬ間に失っていたのです。

思い返せば、リーダーとして頑張らねば、と目の前の仕事を回すことばかりに意識を奪われて、部下のことをちゃんと見る余裕がありませんでした。

部下が相談に来ても、パソコン画面のほうを向いたまま部下の話を聞いていたことに気がつきました。部下たちは、そんな聞き方をする私を見て、「私たちは軽視されているのではないか？」と感じていたそうです。

「國武さんって、私たちのことを信頼してくれていないでしょう？」

最後に部下が言い放った言葉は、今でも忘れられません。

あなたはどうでしょうか？

▼なぜ、リーダーに「聞く力」が求められるのか？

現在私は、経営者やリーダー層を対象としたエグゼクティブコーチとして活動しています。

大学卒業後、都市銀行、ＪＩＣＡ（独立行政法人　国際協力機構）、外務省（ＯＥＣＤ日本政府代表部）と様々な組織で働く経験をしてきました。

特にＪＩＣＡでは40ヵ国以上３００件を超えるリーダー人材の育成や組織開発に従事しました。またその間、英国のロンドン政治経済大学院（London School of Economics and Political Science：ＬＳＥ）に留学し、組織心理学の修士号を取得。そこでは、リーダーシップ理論、ワークモチベーション理論、チームビルディング、組織変革、組織文化などを学びました。

これらの実務経験や学術的経験を活かしながら、現在私は、エグゼクティブコーチとして活動をしています。

拙著『「聞く力」こそが最強の武器である』（フォレスト出版）でもお伝えしていますが、「リーダーにとって何が最も重要なスキルか？」と問いを立てたとき、それはやはり「聞く力」である、と確信しています。

ではなぜリーダーにとって「聞く力」が最も重要なスキルなのかと言えば、詳細は本文に譲るとして、「聞く力」とは「相手を理解する力」だからです。

上司と部下の問題、社長と社員の問題、チームがまとまらない問題……など、これら会社組織で起こる人間関係の問題は、すべて「相手に対する理解不足が原因」なのです。

上司が部下の話を聞かない、経営幹部が現場の話を聞かない。ありとあらゆるところで、コミュニケーションが崩壊しています。

「いや、そんなことはない。私は部下の話をちゃんと聞いている」と反論される方もいらっしゃるかもしれません。冒頭のエピソードでお話しした私のケースもまさにそうでした。

また、最近よく感じるのは、多くのリーダーが「聞く力」が足りないために、部下との関係がうまくいかず、リーダーとしての自信を失っているということです。

一方で、「聞く力」を身につけたリーダーが、部下との信頼関係を取り戻し、部下から慕われ、リーダーとしての才能をぐんぐんと発揮している事例も目の当たりにしています。

実際、私はこれまで各国の政府関係者、大小様々な企業、自治体、大学、NGO等のリーダーやキーパーソンといった第一線級の方々と一緒に仕事をしてきましたが、組織力を発揮させる素晴らしいリーダーほど、非常に高いレベルの「聞く力」を持っていました。

▼慕われるリーダーがやっている「聞く力」の秘密

実は、聞くには「2つの視点」があるのをご存じでしょうか。
ひとつは「相手の言葉を聞く」という視点。
もうひとつは「相手の感情（心）を聞く」という視点です。

部下の話を聞けているという方は、部下の話す言葉は理解しているのかもしれませんが、部下の気持ち（心）までは理解できていません。
試しに部下に聞かれてみるといいでしょう。

「私はあなたのことを本当に理解できていますか？」と。

昨今、どんな企業においても、「コミュニケーション力は最も重要なスキル」と言いながら、誤解している人が非常に多く、また表面的な対応しかできていないように感じます。

コミュニケーション力を単なるプレゼンスキルやロジカルシンキングスキルのことだと勘違いし、肝心の「魂」の部分が抜け落ちてしまっているのです。

本当のコミュニケーション力とは、**「心と心が通じ合い意思疎通ができること」**を言います。相手の気持ちを聞くことができるからこそ、心と心を通わすことができる。

本当のコミュニケーション力を身につければ、上司と部下との関係にとどまらず、ビジネスで最も大切な**「信頼関係という最高の資産」**を築くことができるのです。

▼「部下が動いてくれない」と嘆くリーダーに欠けているもの

本書のメインテーマでもありますが、「部下が動いてくれない」と悩んでいる上司は非常に多く、常に上司の悩みにおいて上位にランクされています。

その中には「言われたことしかやらない」という部下のケースも含まれています。

一言で言えば「主体性がない」ということ。

上司はなんとかしてこの事態を打開するために色々と苦心しています。

よくあるケースは、部下を動かそうと必死になって説得しようとすることです。上司は、ロジカルに丁寧に言葉を重ねて部下を説得するのですが、少し時間が経つと元の木阿弥。部下は自ら動こうとはしません。「なんで？」と首をかしげてしまうのです。


詳しくは本書で解説していますが、部下が動かないと嘆く上司は、**「部下とのラポールが欠けている」**のです。

ここでは、ラポールとは信頼関係とイコールと考えてもらえればと思います。

要するに、部下のことをちゃんと聞けていないのです。聞けていなければ、部下を理解することはできないし、理解できなければ信頼関係は当然できません。

信頼関係ができていなければ、上司の言葉は部下の心に響かないのです。

相手の話を聞けない自分本位な人間は、相手から信用されません。聞くことができなければ、コミュニケーション自体が成立しないのです。信頼関係のベースとなるのは、相手の話をよく聞き、深く理解することなのです。

▼リーダーは「聞く力」を武器にせよ

本書では、日頃、多くのリーダーが悩んでいる「部下との関係」や「部下の育て方」、「リーダーの成長」など、現場で起きている実例なども紹介しながら、具体的な解決策を提示しています。たとえば、

- なぜ、部下は自ら動こうとしないのか？
- なぜ、話すことより聞くことが大事なのか？
- なぜ、リーダーは聞くのが下手なのか？
- どうしたら、部下と信頼関係が築けるのか？
- どうしたら、部下とうまくコミュニケーションが取れるのか？

- どうしたら、部下のモチベーションを上げられるのか？
- 部下が動き出す「1 on 1」の方法とは？
- 部下を育てるフィードバックの方法とは？
- リーダー自身の才能を引き出す「聞く技術」とは？

これらのテーマを取り上げ、様々なスキルやノウハウをお伝えしています。「聞く」という一見シンプルで受動的にも思える行為が、いかに能動的で奥が深く、人を動かし、人を成長させるほどのパワーを持っているか、その神髄を学んでいただけると確信しています。

「話すは技量、聞くは器」

部下の成長は、上司の器の大きさに比例します。部下の成長を願うのであれば、己の「器」を磨き、器を大きくしていくことが大切です。

心配はいりません。仮に私のような元来の聞き下手であっても、聞く力を身につけることは今からでも十分に可能です。

本書を手にされた方々が、「聞く力」という最強の武器を手にされて、世の中にさらなる貢献を果たされたなら、著者として、これ以上嬉しいことはありません。

國武大紀

第2章 リーダーのための「聞く力」の基本

第3章

部下が動き出す「1 on 1」の技術

第4章 人を育てるフィードバックの技術

第5章 リーダーが大切にすべき自分の声を聞く技術

第1章

聞けるリーダーと聞かないリーダー

「背中を見せるリーダー」から「正面から話を聞くリーダー」へ

▼背中を見せるリーダーが通用しなくなった理由

「俺の背中を見て、黙ってついてこい」

ひと昔前の理想のリーダー像は、「背中を見せる人」でした。背中を見せて、黙ってリーダーについていけた時代は、リーダーがロールモデル（お手本となる理想像）となり、ある種、絶対的に正しい存在として機能していました。

リーダーの言うことをそのまま忠実に守り実践するだけで、会社も部下も自然と成長していけたのです。

リーダーが「背中を見せる」だけで通用した時代は、90年代後半に起こった第三次産業革命（いわゆるＩＴ革命）以前の、世の中の変化が比較的緩やかな時代だと言えるでしょう。

ＩＴ革命以前は、情報へのアクセスが今よりもずっと制限されていたことから（閉鎖的環境）、世の中の価値観や社会のニーズは今に比べて随分と画一的でした。

そのような時代では、親や先生、上司、マスコミの言うことが「正しいこと」とされ、実際にその「正しいこと」に従っていれば、問題なかったわけです。

彼ら彼女らが言うところの「正しさ」は、時代の変化が緩やかであったことから、ある種の「成功パターン」として長期間にわたり、通用したのです。

また、それらの「成功パターン」を手にできた人たちは、社会的に優位な立場にあった人たちだったので、常に「上位の存在」として、情報弱者を支配下に置くことができました。

ですので、リーダーも自信を持って「俺の背中を見て、黙ってついてこい」と言え

インターネット利用者数及び人口普及率の推移

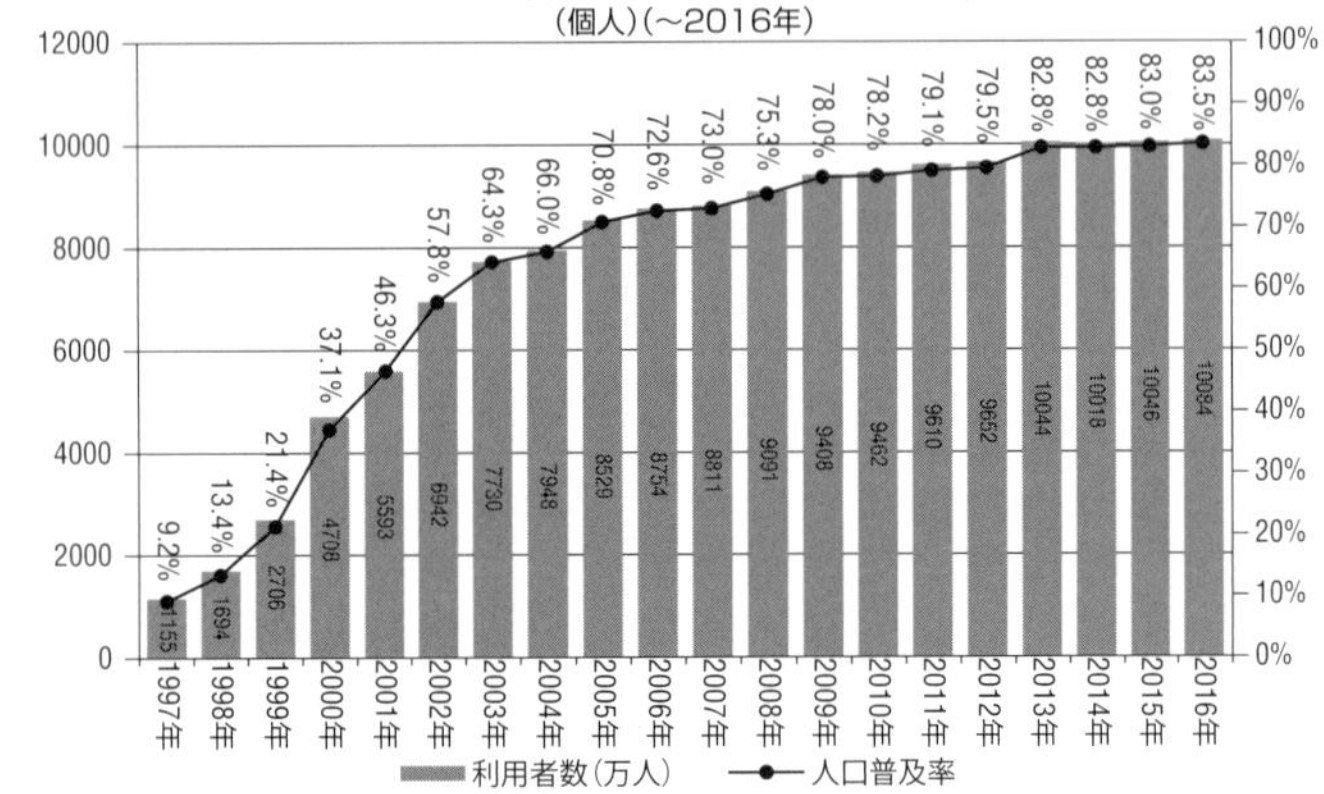

出典：総務省　通信利用動向調査（2017年）

たでしょうし、部下も何の疑いもなくついていったのです。

ところが、第三次産業革命が起こり、続いて瞬く間に第四次産業革命（IOT、AI、SNS等の台頭）が始まると、時代変化はそれ以前とはまったく異なる次元のスピードで変化していきます。

「上位の存在」しか入手できなかった情報に、今は誰でもアクセスできるようになりました。

それにより、価値観やニーズも凄い勢いで多様化し、これまで通用していた「成功パターン」は、あっという間に陳腐化するようになりました。

リーダーという上位の存在に集約されていた情報価値（成功パターン）は、凄まじい時代変化のスピードに長期間耐えうるものではなく、「部下がリーダーの背中を見て、黙ってついていく」ということが、もはやできなくなったのです。

▼上下関係から水平関係へ

そうすると何が起きるか。

「上位の存在（リーダー）」が「下位の存在（部下）」に対して情報を伝達するという、垂直型のコミュニケーション（上下関係）から、水平型のコミュニケーション（水平関係）へと移行せざるを得なくなったのです。

これは、誰もがあらゆる情報にアクセスできる環境（開放的環境）へと変化し、リーダーと部下との情報量に差がなくなった結果でもあります。

水平型のコミュニケーションは、一人一人と向き合って対話する**「双方向型の対話方式」**です。

変化スピードが著しい状況においては、リーダーの指示待ちでは適切な対応ができません。部下が持つ情報だけでなく、部下の意見や考え方も含めて双方向のコミュニケーションが必要です。

リーダーと部下が双方向のコミュニケーションを積み重ねることで、信頼関係が強まります。その結果、部下は主体的に行動するようになり、リーダーシップを発揮し始めます。

こんな話があります。

とある有名企業の職場で、新人社員が「この仕事を担当することになったんですが、どうしたらいいですか？」と職場の上司に聞いたのですが、その上司は何と答えたでしょうか？

「○○さんは、どうしたいの？」

とその上司は答えたそうです。で、新人社員は戸惑ってしまい、別の課の先輩にも相談したら、「あなたはどうしたいの？」と、その先輩に同じように言われてしまった。また別の先輩に聞いても同じことを言われたそうです。

実はこれ、有名なリクルートの企業文化だそうです。リクルートでは、リーダーは指示命令するのではなく、部下を一人の人間として尊重し、その人が持つ情報と能力を最大限に駆使して活躍してもらおう、と意図しているのです。

「あなたはどうしたいの？」というリーダーの姿勢は、「俺の背中を見て、黙ってついてこい」という「上から目線」とは真逆のあり方です。

リーダーの一方的な話を受け入れて、指示命令どおりに動くという、対話のパターンとは大きく異なります。

部下と正面を向いて、対等な姿勢で「あなたはどうしたいの？」と耳を傾けるには、リーダーとしての「聞く力」が求められます。

社会変化のスピードが著しい時代において、「背中を見せる」リーダーから、「前を向いて話を聞ける」リーダーがこれからますます必要になってくるでしょう。これからの新時代を乗り切るうえで、リーダーにとっての最強の武器は、「聞く力」なのです。

ポイント

- 新時代のリーダーに求められるのは、話す力よりも「聞く力」。
- 「俺の背中を見てついてこい！」は、自分本位な時代遅れの発想。
- 第四次産業革命によりコミュニケーションの形態は著しく変化した。
- 水平型のコミュニケーションが部下の成長を促すには不可欠。
- 前を向いて部下の話を聞くからこそ、上司と部下の心が通じ合う。

従来のリーダーは

背中を見せて部下を従わせる。

新時代のリーダーは

部下と対等に向き合いながら話を聞く。

なぜ、部下は自分から動こうとしないのか？

▼部下一人一人との関係性をどれだけ作れているか？

「指示待ちの部下が多くて困っている」

そう嘆くリーダーがあとを絶ちません。指示待ち部下の心理は、「責任を取りたくない」「無理したくない」「失敗したくない」という安定志向が主な原因とも言われます。

様々な経営者やリーダーに話を伺うと、特に若手の社員に指示待ちの傾向が見られるようです。

こうした状況を改善すべく、各企業は外部の専門家などに依頼し、研修などを試みていますが、「実際に改善された実感はない」という声をよく耳にします。

詳しく話を伺うと、研修会社などの外部の専門家は、一斉に多数の管理職や社員に対して、モチベーション向上や能力アップの研修を行うことが多いとのこと。

実は、このような十把一絡げの「画一的なアプローチ」では、一時的に変化があったとしても、すぐに元の状態に戻ってしまいます。

では、どうしたらいいのか？

まず大切なことは、「部下一人一人とリーダーがどれだけ関係性を作れているか？」です。実は、部下が自分から動こうとしない根本的な理由は、リーダーと部下との間に「心理的に安心できる場（心理的安全性）」が作られていないことなのです。

「心理的安全性」とは、他人の反応に怯えたり、不安や恥ずかしさを感じたりすることなく、自分をさらけ出すことのできる環境（場）のことです。

世界の最先端企業であるグーグルが、２０１２年から4年もの歳月をかけて実施した労働改革プロジェクト（プロジェクト・アリストテレス）や人事関連の研究結果として「心理的安全性は仕事のパフォーマンスを高める上で最も重要な要因である」と発表したことにより、大きな注目を集めました。

心理的安全性が確保されると、人は不安や恐れから解き放たれ、自ら動き出せるようになります。リスクを取ることを恐れることもなく、失敗しても責任を取り切れなくても大丈夫な場があれば、部下は自分からどんどん進んで行動できるようになるのです。

心理的安全性がなければ、研修でモチベーションを上げたり、能力アップを図ったりしても、せいぜい一時的な改善しか期待できません。

▼心理的安全性を確保する方法

心理的安全性を作るために何が大切か。

それが**「ラポール」**です。

ラポールとは、フランス語で「架け橋」を意味しますが、相手と心と心が通じ合い、安心安全な信頼関係ができている状態を意味します。ラポールは、相互理解のプロセスであり、相手をよく理解することから始まります。

相手理解を深めるには、1対1のコミュニケーションの場を作ることが不可欠です。実際、グーグルは、心理的安全性を作るために1対1を重要なマネジメント施策として位置づけています。同様に、ヤフーやインテルなども1対1を導入しています。

想像していただければわかると思いますが、大勢の人の前では自分をさらけ出すことなど普通はなかなかできません。1対1の場であるからこそ、安心してコミュニケーションが取れるのです。

もちろん、ただ単純に1対1の場を作ればいい、というわけではありません。

もうひとつ大切なことがあります。

それは、1対1の場を設けたら、リーダーは部下を深く理解し、ラポールを深めるために**「聞き役に徹する」**こと。

そのためにもリーダーには「聞く力」がなくてはなりません。

聞く力がなければ、1対1の場は心理的に安心安全な場として機能しないのです。

ただ残念なことに、日本の多くの企業では「時間がない」などの理由で、管理職と部下との1対1のコミュニケーションの場を作ることすらままならない状況にあります。

それどころか、プレイングマネージャーとして自分の仕事を回すだけでも大変な管理職も増えています。

「時間がない」と言いたくなる気持ちはわかりますが、それは心理的安全性の重要性を理解していないということ。

大事だと思っているけどやっていないなら、それは大事だと思っていないのです。

人は、重要だと理解できていれば、そのための時間は必ず確保します。

グーグルやヤフーなどの企業が暇な会社であるはずはありません。重要性を理解しているからこそ、日常業務の中に取り入れているのです。

これまで部下が自ら動けなかったのは、リーダーの指示命令の仕方が悪いとか、モチベーションが原因だとか、部下の能力不足だとか、表面的な現象に囚われていたからです。

人間は安心安全を感じられない場所では、警戒心が強くなり、失敗を恐れます。だから自分から自由に動けないのです。

リーダーが最初にやるべきことは、部下がのびのびと自由に才能を発揮できるよう、心理的に安心安全な場を作り出すことなのです。

ポイント

- 1対多のアプローチでは、上司と部下の信頼関係は築けない。
- 上司と部下の間に「心理的安全性」が作られているかが鍵。
- 心理的安全性は1対1のコミュニケーションの場で作られる。
- 上司が部下を理解するには「聞き役」に徹することが重要。
- 心理的安全性を確保するための時間を積極的に作る。

従来のリーダーは

指示命令で部下を動かそうとする。

新時代のリーダーは

最初に「心理的に安心安全な場」を作る。

人がついてこないリーダーほど、押し付ける

▼話を聞かないリーダーが部下をつぶす

「君が言おうとしていることくらい、聞かなくてもわかる」

以前、私は千人超の組合員を擁するＪＩＣＡ（国際協力機構）労働組合の執行委員長として、数々の組織改革に取り組んでいました。

ある日、十数名の執行部メンバーと共に、経営層との対談を行ったときのことです。対談の相手は、某省庁からのエリート出向役員。

冒頭、執行委員長の私から、組織の現状について話を始めたとたん、いきなり私の話を遮り、持論をとうとうと語り始めました。

こちらはまだ何も話していないのに「言いたいことはわかっているから」と一言。あまりの衝撃に開いた口がふさがりませんでした。まるで聞く耳を持たない、木で鼻をくくったような態度に、同席していた執行部メンバーも唖然とした様子でした。

しかし、これは何も特殊なケースではまったくありません。

官僚組織や大企業に限らず、どんな会社組織においても日常的に見られる光景です。特に頭が良くて仕事がよくできるリーダーほど、相手の話を聞かずに、先読みして持論を話し始める傾向があります。

さらに厄介なのは、部下の話を聞こうともせず、自分の成功パターンを押し付けてくる場合です。仕事ができるいわゆる「バリキャリ」タイプのリーダーはこの傾向が強くなります。自分のほうが知識や経験もあり、他者より優秀であるという自信もあり、どうしても自分のやり方を押し付ける傾向があります。

実際、このタイプのリーダーの下で働いている部下は大変です。リーダーのやり方についていけないと、ダメ人間としてレッテルを貼られ、挙句の果てには精神的に参ってまったく動けなくなってしまいます。

もし、あなたがいわゆる「できるタイプ」のリーダーだとしたら注意してください。自覚していないかもしれませんが、部下が積極的にコミュニケーションを取りたがらない、避けるように帰宅する、指示待ちでリスクを取ろうとしない、イエスマンしかいない、などの傾向がうかがえたら、その可能性があります。

▼私がリーダーとして心掛けた２つのこと

東日本大震災の直後のこと。

民主党の事業仕分けの影響で独立行政法人だったＪＩＣＡはかなり揺れていました。職員の士気も下がり、職場には閉塞感が漂っていました。また、その年には組織のトップも交代するということもあり、経営の舵取りが大変な時期でもありました。

そんな最中でしたから、私は正直、自分に千人を超える労働組合のトップが務まるのかまったく自信がありませんでした。

10年前に執行部員をやったことがあるだけで人事、労務、経営に詳しいわけでもない。ですが、私を心からサポートしてくれた16名の執行部員のおかげで、結果的に多くの組織改革を実現することができました。

役員全員とのビジョンを語り合う座談会、理事長と若手の定期的な勉強会、男性の育休に関する普及活動、在宅勤務制度の導入の働きかけ、極めつけは30年以上のしがらみであった上部労働団体からの脱退等々。

これらの成果はすべてメンバーであった執行部員のおかげなのです。当初は想像もできなかった非常に大きな成果でした。

そんな十分な知識も経験もない私が心掛けたことは実はたったの2つです。

ひとつは、「聞き役に徹した」ことです。

当時私は、ちょうどコーチングを学んでいたときでした。コーチングで最も重要なスキルは「傾聴」と教わっていたので、実際にためしてみたのです。

傾聴では、相手の話の内容を聞くという以外に、相手の感情（気持ち）を聞くということが大切になります。特に「相手の感情を聞く」という聞き方は、相手とのラポール（信頼関係）を築く上で極めて効果的なのです。

感情を聞くには、相手の非言語メッセージ（顔の表情、声のトーン、姿勢等）に意識を向けて相手の感情に共感していきます。シンプルに、相手の感情表現に呼応してあげればOKです。

たとえば、相手が悲しそうな表情であれば悲しそうに、楽しそうであれば楽しそうな表情で聞いてあげるのです。

人間は感情の生き物ですから、話の内容だけでなく、感情までも聞いてもらえると安心安全や親近感をより強く感じます。

私が「聞き役」に徹したことで、執行部員のメンバーは遠慮なく、恐れずに自由に意見交換することができ、素晴らしいアイデアがどんどん生まれていきました。

私はメンバー全員を見守るような眼差しでずっと最後まで聞き続けたのです。

もうひとつ心掛けたことは、**「心理的に安心安全な場」を作ろうとした**ことです。

みんなが安心して議論し合えるように聞き役に徹することも心理的に安心安全な場

を作ることになるのですが、それ以外に「最後は、自分がすべて責任を取ります。なので自由にやってください」と口癖のように言い続けたことです。

もちろん、各自それぞれのタスクを抱えているので、任された任務は各自が責任を持って遂行します。ですが、最後は総責任者である執行委員長の私がすべて責任を取る、という覚悟をメンバー全員に示したのです。

これは決して上っ面の発言ではなく、左遷覚悟でやっていました。だからこそ、メンバーの心に響いたのでしょう。

「最後は國武さんがちゃんと守ってくれる、という絶対的に安心安全な場があったのはとても心強かった」と多くのメンバーが話してくれました。

結果的に、私からメンバーに対してまったくと言っていいくらい指示命令をしたことがなかったのですが、メンバーは本業以上に楽しく、熱心に、組織改革や職場環境の改善のために動いてくれました。

それが想像を超える大きな成果をもたらしてくれたのです。

人がついてこないと嘆くリーダーをよく見かけますが、部下を動かそうと色々と画策したり、自分の成功パターンを押し付けたりするのではなく、大切なのは、部下一人一人と向き合って、部下の話をとことん聞いてあげることです。

人はちゃんと聞いてもらえると、自分のことが理解された、承認されたと認識します。そのような状態になったとき、人は安心安全を感じることができ、自ら動き出せるようになるのです。

ポイント

- 部下の話を聞かずに、自分の成功パターンを押し付けないこと。
- 自分が「できるタイプ」のリーダーだとしたら、我を振り返る。
- 「傾聴」は相手との信頼関係を作る上で、最も効果的な対話法。
- 部下を動かそうと画策しないで、まず部下の話を聞く。
- 部下一人一人と向き合って、丁寧にコミュニケーションを取ること。

従来のリーダーは

自分の成功パターンを押し付ける。

新時代のリーダーは

聞き役に徹して部下の行動を引き出す。

部下との「ラポール」を築く方法

▼部下が動かない根本的な原因

「部下が動いてくれない」と悩む上司が増えています。

以前、私に相談してこられた管理職のクライアントさんがいました。

「部下があまり動いてくれず困っています。早く成果を出してほしいのですが……」

私はそのクライアントさんに「部下の方とどれくらいラポールが築けていますか?」と質問しました。クライアントさんからは「……ラポール。あまり築けていないかもしれません」という返事が返ってきました。

先にも述べたとおり、ラポールとは、相手と心と心が通じ合い、安心安全な信頼関係ができている状態のこと。

ここで大事なことは、**「人はラポールの度合いに応じたコミュニケーションしかできない」**ということです。

ラポールの度合いとコミュニケーションの影響力は、ほぼ正比例の関係にあります。部下とのラポールが深ければ深いほど、上司の言葉は部下に対して強い影響力を与えます。

これは、アルトマンとテーラーという学者が提唱した**「社会的浸透理論」**でも明らかにされています。

「お互いを少しずつ理解し合うことで親近感が高まってくると、自己開示をより深いレベルでするようになり、信頼度がさらに高まる」というものです。

自分に対する信頼度が高まれば、当然、自分から発する言葉は、相手に強い影響力を与えるようになります。

私はそのクライアントさんに、次のようにお伝えしました。

「ラポールが築けていれば、あなたの言葉は部下に響くでしょう。反対にラポールが築けていなければ、どんなアドバイスも効果的でなくなります」

そこで、私はクライアントさんにラポールの築き方をお伝えして、部下とのラポールを深めてもらいました。その結果、部下とのコミュニケーションが以前よりも格段に良くなり、部下が次第に結果を出すようになったそうです。

▼ラポールを築く「承認」の3レベル

ラポールを築いていく上で重要なキーワードは「承認」です。

人には「他者から承認されたい」という非常に強い欲求があります（マズローの欲求階層説）。

人は太古の時代より、外敵から自分の身を守るため、集団生活をしながら生き延びてきました。ですから、自分のことが認知されないと生存を脅かされたように感じます。

この**承認欲求は、人間の様々な欲求の中で最も強い部類の欲求**なのです。

それゆえ、承認欲求が満たされると、人は承認してくれた相手に対して、安心安全を感じたり、強い親近感を抱いたりします。

そして、この承認には次の3つのレベルがあります。

①所有（having）
②行動（doing）
③存在（being）

まず、「**所有（having）**」。

これは、スマホ、本、車、家などのほか、服装などの外面的なもの、さらには資格なども含まれます。

相手が所有しているものに対して、「素敵な時計されていますね！」とか「英検1

級って凄いですね！」のように相手の所有しているものを承認するだけでも相手との距離は近づきます。

次は、「行動（doing）」です。

行動とは、「やっていること」です。たとえば、仕事の場合であれば、仮に部下が朝から晩まで外回りの営業活動をしているなら、「毎日、外回りの営業頑張ってくれてありがとう」と承認してあげる。

特に大切なことは、契約が取れても取れなくても、営業活動を頑張っていることそのもの（プロセス）を承認してあげることです。

同じ努力をしていても契約が取れるときもあればそうでないときもある。だからこそ、改善しながら行動し続けることが何より大切です。

行動そのもの（プロセス）を承認すれば、部下は結果に振り回されずに、安心してその行動を続けることができるのです。

そして最後は、「**存在（being）**」です。

3つの承認レベル

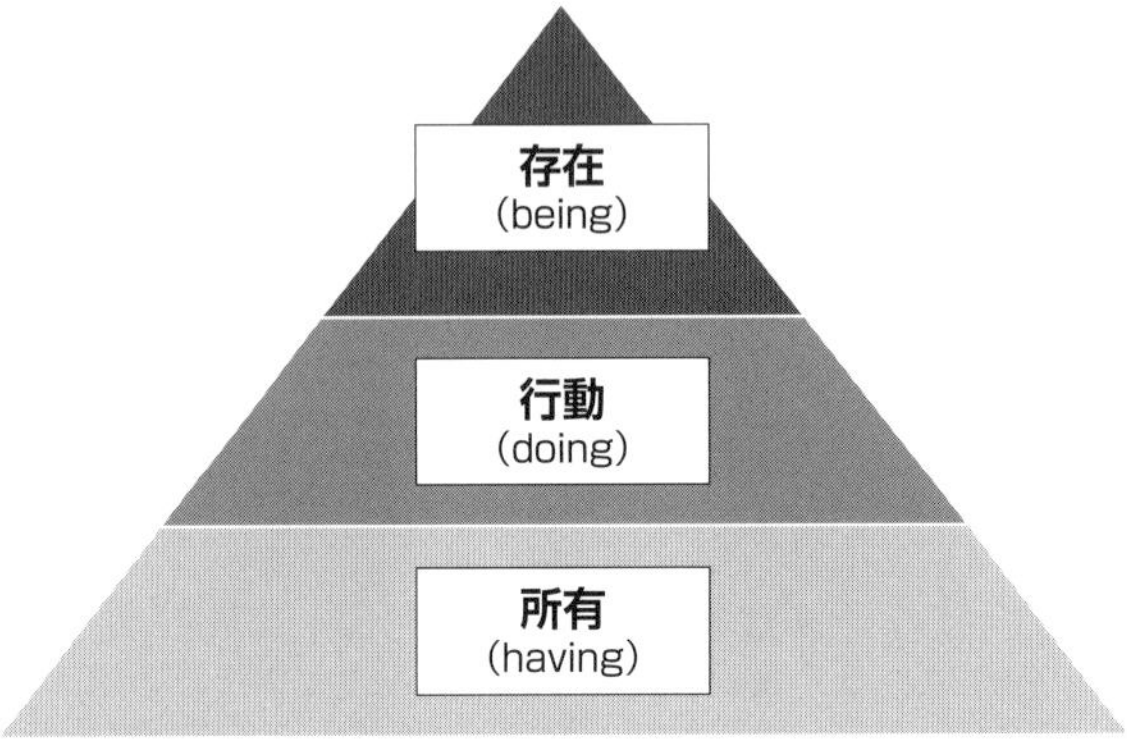

存在とは、一言でいうと「あり方」のことです。部下に対して存在そのものを承認してあげると、非常に強力な心理的安全性が作られます。

所有レベルや行動レベルで承認してあげることも効果的なのですが、所有や行動が承認の条件となってしまうと、相手をコントロールするために承認するという信賞必罰の手法ともなり、場合によっては逆効果にすらなります。

一方、存在レベルでの承認は、所有や行動に左右されない「究極の承認」であり、最も深いレベルのラポールを作ることができるのです。

部下、なかでも新人は経験も知識も不十分で、心理的に不安を抱えていることも多いことでしょう。

そんな部下の不安を軽減し、イキイキと働ける場を作るには、部下を承認し、深いラポールを築くことが不可欠です。

部下とのラポールが築かれてこそ、あなたの言葉は部下の心に届くのです。

ポイント

- 部下が動いてくれない理由は、「ラポール」の欠如である。
- 人はラポールの度合いに応じたコミュニケーションしかできない。
- 部下とのラポールが深いほど、上司の言葉は強い影響力を持つ。
- 相手を承認することが、ラポールを構築する際のひとつの鍵。
- 承認には、所有、行動、存在の3つのレベルがある。

従来のリーダーは

「部下を動かそう」と権力を使う。

新時代のリーダーは

「部下が動けるよう」にラポールを築く。

マネジメントとはコミュニケーションである

▼ティール組織の衝撃

「ティール組織」という言葉を聞いたことはあるでしょうか？

フレデリック・ラルー氏の書籍『Reinventing Organizations』（邦訳は『ティール組織』（英治出版））が出版されたことで、一気に広まった言葉です。

この本が日本の経営・組織マネジメントに与えた影響は非常に大きく、2019年のビジネス書大賞では経営書賞を受賞しています。

ティール組織がなぜ、これほどまでに日本社会でも大きな話題になったかと言えば、「従来のマネジメントの常識を覆すアプローチで、飛躍的に業績を上げている企業があとを絶たない」からです。

そもそもティールとは「青緑色」を意味する英語で、同書によれば、「進化する組織」として組織モデルの最先端と位置づけています。

これまで長らくマネジメントの重要性が強調された組織モデルは、成果主義の元となった「目標達成型組織」と呼ばれる組織モデルです。

マネジメントの父とも呼ばれたピーター・ドラッカーは、マネジメントを「組織に成果を上げさせるためのツール、機能、機関」と定義していますが、これまでのマネジメントの主流は「成果を上げるために目標を設定し、それを達成する」というもので、ゆえに目標達成型の組織モデルが幅を利かせていたと言えます。

一方、ティール組織では、リーダーが部下の業務を指示命令や管理することは基本的になく、これまでの組織では常識とされてきた上下関係はありません。

ティール組織は、特徴として、

①セルフマネジメント（自主管理。一人一人が自分の判断で行動して成果を上げていくやり方）

②ホールネス（全体性。個々人が能力を発揮できるようお互いに支え合う集まりとして、開放的で安心できる場）

③エボリューショナリーパーパス（進化する目的。リーダーは方向性を示して指示する人ではなく、耳を傾け導く人）

という3つの重要な基盤があります。

この3つの基盤に共通するのは、マネジメント（目標管理）という「権限と役割」を発揮させる機械的な場ではなく、個々人がのびのびと自由に能力を発揮できる生命感あふれる場である、ということ。

そして、そのような「生きた場」を創造するには、コミュニケーションのあり方を、これまでと大きく変化させる必要があります。

つまり、ティール組織への変化とは、マネジメントの変革であると同時にコミュニケーションの変革でもあるのです。

実際、ラルー氏が著書の中で言及しているように、ティール組織におけるコミュニケーションの形態として、「コーチング」を取り上げています。

すなわち、これまで目標達成のマネジメントでは当たり前であった指示命令を中心とした上意下達のコミュニケーションではなく、**フラットなパートナーシップをベースにした水平型のコミュニケーション、すなわちコーチングが個々人、ひいては組織の成果を引き出す**と示唆しています。

では、コーチング型のコミュニケーションとは、どんなスタイルなのでしょうか？

実は、コーチングと一口に言っても様々な流派があって、数あるコーチング関連の書籍を調べても、統一された定義が存在するわけではありません。

いくつかの共通点をあぶり出していくと、ティーチングのように先生が生徒に教えるという上下関係ではなく、互いに対等なパートナーシップの関係の下に、コーチする側がコーチされる側を傾聴し、相手のありのままを受け入れる（存在承認）というフラットな関係が基本的な前提となります。

そのようなプロセスを通じて心理的に安全な場が形成されると、コーチの発する質問は、相手の心の奥深くに届き、自ら考え行動するようになります。

質問にはいくつかのパターンがありますが、コーチングでは「YES」or「NO」の2者択一の質問（クローズドクエスチョン）ではなく、「オープンクエスチョン」といわれる質問が多く使われます。

オープンクエスチョンとは、「もし、あなたが社長だとしたら、この機会をどう活かす？」というような、相手が自由に考えることができる質問です。

オープンクエスチョンには明確な答えがあるわけではないので、質問された相手は、自分の中で最適解を自ら導き出そうとします。

それに対して、コーチは答え合わせをするのではなく、別の角度から新たな問いを投げかけ、相手の思考をさらに促し、時には思考の枠を超えたアイデアを生み出すきっかけを与えるのです。

　このようなコーチング主体のコミュニケーションによって何が可能になるのか。たとえば、部下が指示待ちの状態から抜け出し、自ら考え行動できる場が増えていきます。指示命令をせず、コーチングによる傾聴と質問によって、社員の主体性がさらに高まっていき、ティール組織でいうところの「セルフマネジメント」が機能するようになります。

　さらにコーチングによって、ラポールが深まりますので、心理的安全性が高まっていきます。そうすると、第二の基盤である「ホールネス（全体性）」が作られていきます。さらに第三の基盤である「エボリューショナリーパーパス（進化する目的）」もコーチングというコミュニケーションスタイルによって、より洗練されたものに磨かれていくことでしょう。

　マネジメントが管理という概念を超えてコミュニケーションに変わるとき、人はより自由に、より創造的になり、自ら考え動き出します。

　目標達成型組織が依然として幅を利かせている日本の企業社会ですが、ティール組織という新しい組織モデルが、日本企業の閉塞感を打破してくれると信じています。

ポイント

- ティール組織は、自主管理、全体性、進化する目的の3つが基盤。
- ティール組織のコミュニケーションの形態は「コーチング型」。
- コーチングは、対等なパートナーシップ関係の下に成り立つ。
- オープンクエスチョンによって、相手の主体性を引き出す。
- コーチングによって、心理的安全性を高めることができる。

従来のリーダーは

部下をマネジメントしようとして、主体性を損ねる。

新時代のリーダーは

部下とのコミュニケーションで主体性を引き出す。

第2章

リーダーのための「聞く力」の基本

なぜ、話を聞いても信頼関係が生まれないのか？

▼「聞く」とは相手を理解することである

信頼関係を築く上で、最も大切なことは「聞く」ことです。
その一方、ただ聞くだけでは信頼関係は生まれません。信頼関係を作るには、「聞き方」と「信頼関係の基本構造」を知っておく必要があります。

まず、やってはいけない聞き方とはどんなものか。
それは、**信頼関係を損なう「自分本位な聞き方」**です。
自分本位な聞き方とは、相手のことを聞こうとはしないで、自分に必要な情報を引き出そうとか、あるいは自分の正しさを証明するために相手の弱点を聞き出そうといった類いの聞き方です。

たとえばこんな感じです。

（部下）「田中課長、今度の新しい企画について相談したいのですが」
（上司）「あ、その企画の概要を教えてくれる？」
（部下）「あの、ご相談したいのは企画の内容ではなくて……」
（上司）「まず、概要を聞かせてくれ。でないとコメントもできないから」
（部下）「……いえ、そうではなくて……」

このケースでは、実は部下は「新しい企画のメンバーから外してほしい」という相談だったのですが、上司は自分の知りたい情報を聞きたいという自分本位な聞き方をしたため、部下は相談すらできませんでした。

上司としては部下の話を聞いているつもりなのですが、このような聞き方では、部下と信頼関係を築くのは困難でしょう。

信頼関係を作る「聞き方」の基本は、「相手を理解しようとする姿勢で聞くこと」です。

「聞く」には、実は2つの側面があり、ひとつは「相手の話を聞く」という話の内容面と、もうひとつは「相手の気持ち（感情）を聞く」という心理面があります。

相手を深く理解するには、この2つの側面をちゃんと聞くことが大切になります。特に後者が大切です。学校教育でこれまで習ってきたのは、前者の「話の内容を聞く」であり、後者の「相手の気持ちを聞く」というのは知らない方が多いと思います。

▼相手の気持ちを聞く方法

相手の気持ちを聞くには、相手の「非言語メッセージ」に意識を向けて聞くのがポイントです。

非言語メッセージとは、顔の表情、声のトーン、体の動きなど、相手の言語以外から発せられるメッセージのことです。

非言語メッセージをよく観察することで「相手が今どんな気持ちなのか」を理解することができます。相手の気持ち（感情）が理解できたら、相手の感情に呼応（共感）するのです。

先の上司と部下のやり取りで言えば、部下の表情を見れば、相談しづらい様子はわかるはずです。そんな場合、たとえば、「表情が険しいように見えるけど、どうしたの？」と、相手の感情に合わせて聞くことができます。

部下にしてみれば、私の気持ちを理解してくれていると安心できるのです。

▼信頼関係のトライアングル

次に「信頼関係の基本構造」についてです。

信頼関係の基本構造は次のページの図のように**「自己理解」、「相手理解」、「相互理解」というトライアングル構造**になっています。

信頼関係の基本構造

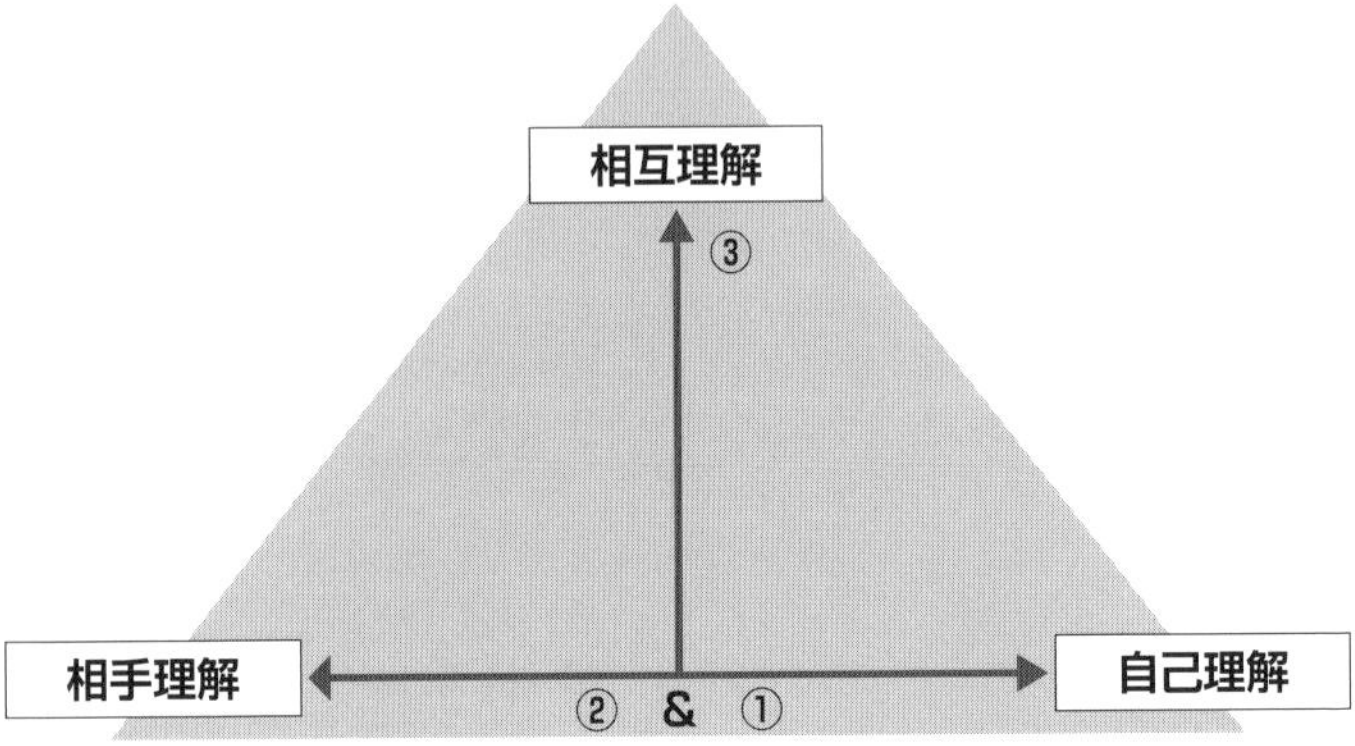

信頼関係とは、自分と相手との二者間における関係性ですから、一方通行では信頼関係は生まれません。

残念ながら、上司と部下との会話でよく見受けられるのは、上司から部下への一方通行の会話です。

信頼関係は「双方向」である必要があり、相手理解と同時に自己理解も大切なのです。

自己理解では、「自分が大切にしたいこと（自分の価値観）は何か？」について理解を深める必要があります。

自分が大切にしていることが蔑ろにされていると人は幸せを感じることはできません。もし、あなたにとって「自由」が大切な価値観だとしたら、自由裁量が与えられない仕事は物凄く苦痛を感じるはずです。

自分が大切にしたいことを大切にすることで人は幸せになれます。それが自分を大切にするということです。そして、自分を大切にできる人は、他人も大切にできます。古い考え方のリーダーは、自己犠牲してこそ他人を幸せにできると勘違いしている人が多いですが、それは単なる偽善者に過ぎません。

自分を大切にできるリーダーだからこそ、部下のことも大切にできるのです。

次に相手理解です。相手理解のポイントは自己理解の裏返しで「相手の大切にしたいこと（相手の価値観）は何か？」を理解することです。相手からの信頼を得るには、「相手の大切にしていることを大切する」ことが基本になります。

仮に、部下が自己啓発の時間を大切にしているのであれば、そのことに理解を示し、自己啓発の時間を少しでも確保してあげれば、部下からの信頼を得ることができるでしょう。完璧である必要はありません。少しでも理解しようとする姿勢がまず何よりも大切なことなのです。

自己理解と相手理解を繰り返していくと、お互いに価値観がぶつかり合ってしまう場合も中にはあります。

ですが、違う価値観がぶつかり合うことで、むしろ相互理解は深まっていきます。同じ価値観でつながっている場合、居心地はいいのですが、そこに「新しい何か」は生まれません。

価値観が異なっているからこそ、新しいものが創造されていくのです。

大切なのは、異なる価値観に対してお互いの理解を深めていくこと。それが双方にとっての学びであり、成長につながっていくのです。

ポイント

- 信頼関係を築く上で最も大切なのは「聞く」こと。
- 自分本位な聞き方では、相手との信頼関係が損なわれる。
- 信頼関係を作る聞き方の鍵は、相手を理解しようとする姿勢。
- 聞くには「相手の話を聞く」と「相手の気持ちを聞く」がある。
- 信頼関係は、自己理解、相手理解、相互理解の三角構造からなる。

従来のリーダーは

自分本位な聞き方しかできない。

新時代のリーダーは

相手の気持ち（感情）も聞ける。

聞けているようで聞けていない理由

▼「聞く」には3つのレベルがある

「課長って、部下の話をまったく聞けていないですよね」

ショックを隠し切れない様子で相談に来られた管理職の方の顔を思い出します。

上司としては部下のことを一生懸命聞いているつもりなのですが、話を詳しく伺うと、聞けているようで聞けていない上司が実際には非常に多いです。

一番多いパターンは、「気がつくと解決策をアドバイスしてしまう」というもの。

相談に来られた方も部下の話を聞いたあと、何かしらアドバイスをしてしまっていました。

勘違いしていただきたくないのですが、アドバイスが何も悪いのではありません。**大切なのは、まずは部下の話を聞いた上で「アドバイスを求められた場合にのみ、アドバイスをする」**というスタンスです。

さて、本題の「聞けているようで聞けていない本当の理由」は何か。

それは、**「自分に意識が向いてしまっているから」**です。

実は、「聞く」には3つのレベルの聞き方があります。

- **内的傾聴**（レベル1）
- **集中的傾聴**（レベル2）
- **全方位的傾聴**（レベル3）

この3つのレベルの聞き方は、私が最初に学んだコーアクティブコーチングの傾聴のスキルに由来するものです。

まず、**自分に意識を向けた聞き方を「内的傾聴」**と言います。

内的傾聴（レベル1）は、相手の話を聞いてはいるものの、話の内容が自分にとって何を意味するかに意識が向いている状態の聞き方です。

つまり、自分の考え、意見、判断に意識が向いていて、相手から言葉としての情報は入ってくるものの、自分の中で自己完結しているのです。たとえば、

（部下）「課長、ちょっといいですか？」
（上司）「何かな？」
（部下）「実は当課の業務効率化をどう進めたらいいか悩んでいます」
（上司）「大丈夫だよ。業務の役割分担を見直せば済む話だよ。すぐできるよ」
（部下）「はい……。そうかもしれませんね」

この事例では、上司は部下に意識が向いているのではなく、「大丈夫だよ」「見直せば済む話だ」「すぐできる」と解釈し、自分の意見や判断に意識が向いています。

これでは部下は話を理解してもらったとは感じません。

上司としては、部下のことを考えてアドバイスしたつもりでも、部下は本当に話したかったことをちゃんと聞いてもらえていないのです。

対話そのものが中途半端なやり取りになってしまっているので、上司からのアドバイスが本当に役に立つのか、と不安になります。

では、どうすれば、本当に相手のことを聞けるようになるのでしょうか。

それが、**「集中的傾聴」**（レベル2）**と言われる相手に意識を集中して聞く方法**です。

集中的傾聴では、相手の話の内容（言語メッセージ）だけでなく、顔の表情、声のトーン、体の動きなどの非言語メッセージにも意識を向けます。

さらに、「相手を評価判断せず、自分勝手な解釈をしない」ということに加えて、上司と部下の上下関係を一旦離れて「人間対人間の対等な水平関係の立場を取る」ということも非常に大切です。

前の会話を例に取ると、こんな感じです。

（部下）「実は当課の業務効率化をどう進めたらいいか悩んでいます」
（上司）「そうか、悩んでいるんだね。具体的に教えてくれる？」
（部下）「はい。実は課内で業務量に大きな差がありまして、不公平感もあって……」
（上司）「君の顔を見ていると、ちょっと大変そうだね？」
（部下）「はい。実際大変なんです。どうしたらいいものか……」
（上司）「君の声からも伝わってくるよ。ちなみに何かいいアイデアはある？」
（部下）「はい。自信はありませんが、一応考えています」
（上司）「おお、それは素晴らしい。聞かせてもらっていいかな？」
（部下）「はい！　ありがとうございます」

上司は部下の言葉の内容だけでなく、「君の顔を見ていると……」「君の声からも……」というように非言語メッセージにも意識を向けて聞いています。
また自分から意見やアドバイスを一切言うことなく、相手の感情にも意識を向けながら、部下が伝えたいことを、アイデアも含めて引き出そうとしています。これが集中的傾聴の一例です。

そして最後に、**「全方位的傾聴」（レベル3）**と言われる聞き方です。

この聞き方は時に「環境的傾聴」とも言われますが、相手に意識を集中するだけでなく、部屋の温度や湿度や明るさ、かすかな空気の流れ、場の雰囲気等、自分と相手を取り巻く360度の全方位に意識を集中する聞き方です。

耳で聞くというよりも、全身で聞くというほうが正確かもしれません。

プロコーチでも全方位的傾聴を使いこなせる人は多くないので難しいかもしれませんが、全方位的傾聴で聞かれた相手は、全身を包み込まれるような感覚になったり、お互いの心が完全に通じ合ったような感覚になったりします。

私が主催する講座で受講生にこの全方位的傾聴を実践してもらうと、聞かれた相手だけなく、コーチ役の方も感動して涙を流されることが多々あります。

周りに人がいる状況で「全方位的傾聴」を実践するのは難しいかもしれませんが、部下との1対1のコーチングを行うなら、一度ためしてみてください。

内的傾聴（レベル1）	**自分に意識が集中**
集中的傾聴（レベル2）	**相手に意識が集中**
全方位的傾聴（レベル3）	**周囲360度に意識が集中**

これまでとはまったく違うレベルの傾聴となり、非常に深い信頼関係を築けるようになります。

上司は上司なりに一生懸命に聞こうとしていますが、部下は聞かれているとは感じられないことがあります。

上司と部下という上下関係をいったん手放し、一人の人間として対等な関係で部下と接するとき、部下をより深いレベルで理解することができます。

本当の「聞く」とは、自分本位ではなく、「相手本位」によって成り立つのです。

ポイント

- アドバイスは相手の話を聞いてから、求められたときにのみ行う。
- 傾聴には内的傾聴、集中的傾聴、全方位的傾聴の3つがある。
- 内的傾聴では、相手は聞かれた気がしない。
- 集中的傾聴を使うと、相手は自分の存在をも承認されたと感じる。
- 全方位的傾聴は、高次元の聞き方で相手にブレークスルーが起きる。

従来のリーダーは

自分に意識が向いた聞き方しかできない。

新時代のリーダーは

相手に意識を向けた聞き方ができる。

部下が自ら動き出す「聞くべきこと」のリスト

▼何を聞くと、部下は動いてくれるのか？

「自分の思うように部下を動かしたい」

心の中でそう思う上司は少なくありません。上司としては自分の思ったとおりに部下が動いてくれると楽なのでしょう。

手っ取り早く部下を動かすには、上司の指示命令に従うだけの部下を育てるのがいいのかもしれません。ですが、これの意味するところは、指示命令しないと動かない部下を大量に生み出してしまうことと同じ。そんな組織が将来どうなっていくかは容易に想像がつきます。

つまるところ、**「自分の思うように部下を動かしたい」という発想は組織の生存力を奪う**に等しいのです。

かといって、リーダーの立場としては、部下に何とかして動いてもらって所期の目標を達成したいと日夜苦心しているのも事実です。

大切なことは、「部下を動かそう」という発想ではなく、「部下が自ら動き出せる」ように聞く力を発揮することです。リーダーが「聞く力」を使って、部下が自ら動き出せるようになるには、2つの大切な視点があります。

ひとつは「どう聞くか？」（HOW）の視点。

もうひとつは「何を聞くか？」（WHAT）の視点です。

前者の「どう聞くか？」については、これまでお伝えしてきたように相手に意識を向けて聞く「集中的傾聴」や心理的に安全な場を作る「ラポール構築」がポイントになります。

後者の「何を聞くか？」についてですが、言い換えれば「何を質問するか？」ということです。「質問の影響力」をうまく活用することで、部下が自ら動き出せるようになります。

次の図をご覧ください。気になるのはどちらでしょうか？

おそらく大半の方が、欠けた部分（空白）が気になったはずです。

同様に人間の脳は欠けた部分（空白）を埋めたがります。

たとえば、「日本の首都は？」と聞かれると、脳に空白が生まれるので、「東京です」と思考するように方向づけられます。

これが**「思考の焦点化」**と呼ばれるものですが、質問には思考を焦点化させるという極めて強い影響力があるのです。

一方でリーダーとして気をつけなければならないのは、部下をコントロールするために質問の影響力を使ってはならない、ということ。そのような目的で質問を使った場合には、部下の主体性を奪うだけでなく、部下との関係性を悪化させることにもつながりかねません。

リーダーの心構えとして大切なのは、「部下の幸せを願う」という姿勢を持ち続けながら、部下のやる気や自信、あるいは可能性や才能が発揮できるように質問を使うということです。

では、部下が自ら動き出すための「聞くべきこと」（質問）とは何でしょうか？

それは、次の7つの項目から成り立っています。

【部下が自ら動き出すための聞くべきことの7つのリスト】

①相談依頼（部下を信頼して相談を持ちかける）

②主体性（部下がどうしたいか、を問いかける）

③自立性（自力で行動できるか、を問いかける）

④対応性（部下がどう対応するか、を問いかける）
⑤理解度（部下がどれくらい理解しているか、を問いかける）
⑥期限確認（部下の行動を促すため、期限をお互いに確認する）
⑦承認と安心（部下を承認し、部下に安心感を与える）

では、これら7つの項目を使った対話例を見てみましょう。尋問にならないように「部下の成長と発展」を願いながら、集中的傾聴を使って部下に問いかけましょう。

【対話例】

（上司）「＊＊の仕事について相談したいのだけどいい？」（相談依頼）
（部下）「はい、何でしょうか？」
（上司）「この仕事、君ならどう進めたい？」（主体性）
（部下）「まずは市場ニーズの分析、次は……というイメージです」
（上司）「一人で対応できそう？」（自立性）
（部下）「一人では難しそうです」

（上司）「誰に協力してもらえばうまくいくかな？」（対応性）

（部下）「第二事業部のAさんが良いと思います」

（上司）「その理由を聞かせてくれるかな？」（理解度）

（部下）「Aさんは、市場分析と企画力に優れているからです」

（上司）「いつから開始できて、いつ頃完了できそう？」（期限確認）

（部下）「今月から開始して、来月末には完了できると思います」

（上司）「OK、素晴らしい！　何かあれば遠慮なく相談してくれる？」（承認・安心）

（部下）「はい！　ありがとうございます！」


ここで取り上げた「7つのリスト」は、部下が自ら動き出せるようになるための、ひとつの「典型的なパターン」になります。そのポイントは、次のとおりです。
①上下関係からくる「命令」ではなく、水平関係の「相談あるいは依頼」によって相手の主体性が発揮しやすい状態を作ること。
②「YESかNOか？」「右か左か？」という二者択一を迫る質問ではなく、「オープンクエスチョン（開かれた質問）」で自らの意思で決定できるように促すこと。

③部下の理解度やスケジュールを確認したり、いつでも相談できる場を提供したりするなど、部下を応援する「勇気づけ」を行うこと、の3つの視点が大切です。

このようにどのような意図でどのように質問を使うかによって、部下の行動やモチベーションが変わってきます。

指示命令パターンでしか、部下が動かないとしたら部下の主体性を奪っている可能性があります。

これからの部下の成長や組織の将来を真剣に考えたとき、リーダーとしてどのように部下を育てていくのか。

リーダーであるあなたの姿勢が問われるのです。

ポイント

- 自分の思いどおりに部下を動かすのは、部下の主体性を奪う。
- 「部下の幸せを願う」という姿勢で傾聴し質問することが大切。
- 上下関係の「命令」ではなく、水平関係の「相談・依頼」を使う。
- 二者択一を迫る質問ではなく、開かれた質問で部下の意思を尊重する。
- 部下が相談しやすいように、部下を応援する「勇気づけ」を行う。

従来のリーダーは

思うように部下を動かしたいと指示命令する。

新時代のリーダーは

質問をうまく使って部下の主体性を発揮させる。

「部下が本音を話せる」が一番大事

▼裸の王様がリーダーをダメにする

「リーダーは強くなくてはならない」

そのように勘違いしている人は未だに多くいます。

確かに多くの部下を抱え、組織のトップに立つリーダーは強くあるべき、と考えるのは一見自然なように見えます。もちろん、困難に立ち向かう勇気や、新しいことにチャレンジする気概がなければリーダーは務まらないでしょう。

ここでお伝えしたいことは、強すぎるリーダーは部下を遠ざけ部下とのコミュニケーションの機会をなくしてしまうリスクが高いということです。

たとえば、リーダーが強すぎると部下が本音で話しにくいという問題が起こります。本音で話せないと、部下の失敗や現場でのトラブルなどがオブラートに包まれたかたちで伝えられたり、あるいは事実が歪曲されて報告されたりします。

その結果、リーダーには正確な情報が伝達されず、状況判断を誤る可能性があります。ほかにも、リーダーに気を使ってイエスマンばかりが増え、リーダーの間違った点を指摘できないなど、裸の王様になってしまう危険性をはらんでいます。

ここ数年世間を賑わしているスポーツ関連の某協会トップや某大学幹部による一連の事件、さらには某電力会社の幹部による贈収賄事件など、リーダーによる事件や不祥事は枚挙にいとまがありません。

これらの残念な事例は、リーダーが強いあまりに部下や周囲がものを言えず、リーダーの暴走を止められずに発生したものです。

スタンフォード大学の心理学者、スティーヴン・マーフィ重松博士は、「失敗するタイプのリーダーは強くて優秀なリーダーである」と指摘する一方、**「本当の強さを持つリーダーは自分の弱さを認めて、それをさらけ出せるリーダーだ」**とも指摘しています。

自分の弱さを認められるというのは、謙虚な姿勢の表れであり、他者に対して寛容になれることにもつながります。また、自分の弱さを部下にさらけ出せることで部下も安心してリーダーに近づきやすくなるでしょう。

では、部下が本音を話せるようなリーダーになるにはどうしたらいいのでしょうか。それには、3つのポイントがあります。

1 自己開示を段階的に行う

部下が本音を話せるようになるための最初の出発点は「自己開示」です。

先にも述べたとおり、社会的浸透理論では、「自己開示を通じて、相互理解を深めることにより、お互いの信頼が高まり、好意的な関係が築かれる」と言われています。

自己開示のポイントは「段階的に行うこと」にあります。

いきなりプライベートでディープな内容を自己開示されたら部下も引いてしまいます。最初は関心のあるビジネスニュースや自分の趣味などについて共有し合うことから始めるのがいいでしょう。

お互いに距離が近づいてくると、周囲には相談しにくい悩みなどを共有しあったりします。「ここだけの話」がお互いに共有できるとラポールが非常に深まります。この段階なれば、お互いに自分の弱さをさらけ出すことに抵抗感がなくなってきます。

2　心理的に安心安全な場を作る

もうひとつ重要なポイントは、これまでお伝えしている「心理的に安心安全な場」を作ることです。部下が安心して本音を話せるには、第三者の目線を気にする必要のない1対1の場が設定されていることです。

同時にお互いに守秘義務を守るということが不可欠です。守秘義務が守られることで部下は安心して本音を伝えることができます。

守秘義務を破った場合、部下との信頼関係を取り戻すことは非常に困難になりますので、リーダーは特に注意する必要があります。

さらに、安心安全な場を作る上で大切なのは「傾聴」です。

その際、自分に意識を向けるのでなく、部下に意識を向けて聞くことです。部下の発言を遮ったり、言葉をかぶせたりしない。また、部下の発言内容に関してジャッジすることなく、部下の感情を聞くことも非常に大切です。

そうすることで、部下はより本音が話せるようになります。

3　一定の対話頻度を保つ

部下が本音で話せる環境は常に維持しておく必要があります。そのため、部下との対話の頻度を保つことが大切です。

相手との接触頻度が高まるほど、相手に対する好感度は高まることが心理学的に証明されていますが（ザイアンス効果）、反対に頻度が下がれば下がるほど関係性が薄まります。

リーダーは放置プレーではなく、「部下をいつでも見守っている」という姿勢で、一定の頻度（少なくとも月1回）で、1対1の対話の場を持つことが大切になります。

このようにして、部下が本音で話せる関係を作れると、リーダーの下に現場の声が届きやすくなるだけでなく、より正確な情報が得られやすくなります。するとなお、リーダーは適切な判断ができるようになり、トラブルや事故などのリスクも未然に防げるようになるでしょう。

また、部下がリーダーに対し、率直に意見したり、気兼ねなく進言できたりすることでリーダーは自分を客観視できるようになり、裸の王様に陥ることなく、さらなる成長を重ねることができます。

リーダーは強くなくてもいい。それよりも、部下が本音で話せるような関係を作ることが大切なのです。

ポイント

- 強すぎるリーダーは、部下を遠ざけてしまい、本音で話しにくい。
- 本当の強いリーダーは、自分の弱さを認め、さらけ出せる人。
- リーダーが自己開示を段階的に行うことで部下との距離は近くなる。
- 心理的に安心安全な場を作ると部下は本音で話しやすくなる。
- 一定の対話頻度を保つと、部下が話しやすくなる。

従来のリーダーは

強さを誇示して部下を遠ざける。

新時代のリーダーは

部下が本音で話せる関係を作る。

今日、部下とどれだけ話したか？

▼時間がないリーダーのための3つのコツ

あなたは今日、部下とどれだけ話したでしょうか？

「忙しくて部下のことなんて、かまっていられない」

「話したいけど、部下とコミュニケーションを取るのが苦手」

という嘆きの声が聞こえてきそうです。

最近よく耳にしますが、プレイングマネージャーの増加にともない、ますますリーダーに時間的・精神的余裕がなくなってきているのも事実です。

部下のことを大切にしたいと思っていても、実際に余裕がないのかもしれません。

こんな話があります。明治安田生命が行ったアンケート調査（２０１７年）では、円満である夫婦の平日の平均会話時間は１１３分だったのに対し、円満でない夫婦は40分で、実に会話時間に3倍の開きがあったとのこと。

夫婦の一日の会話時間が30分未満だと離婚の危機だとも。

統計学的に因果関係が証明されているか定かではありませんが、いくつかの調査やアンケート結果を見ると、会話の少なさが不仲の大きな原因のひとつであることは間違いなさそうです。

上司と部下の関係を単純に夫婦関係と同一視することはできませんが、会話の時間が人の関係性に影響を及ぼすという点は、ザイアンス効果（単純接触効果）の理論からしても当てはまると思われます。

また、人材採用で有名なエン・ジャパンが1万人以上を対象に実施した「上司と部下の意識調査」（２０１９年6月発表）によれば、部下が上司に期待していることは、「自分の意見や考えに耳を傾けてくれる」が61％で最多であったことがわかりました。

このことからも、部下との会話がいかに重要かうかがい知ることができます。

一方、冒頭でお話ししたように、「部下と話す時間が取れない」、「あるいは部下と何をどう話したらいいかわからない」といった上司の悩みも聞こえてきます。

では、このような状況を変えていくにはどうしたらいいでしょうか。

これには3つのポイントがあります。

1 いつ話しかけるか？(WHEN)

上司も忙しいのですが、部下も忙しい。そんな中、「いつ部下と話をしたらいいのか」。タイミングがとても難しいと思う上司は多いことでしょう。そんな場合には「スキマ時間」をうまく使うことで部下と話せる機会を見つけることができます。

たとえば、ちょっとした移動時間や休憩時間。廊下で立ち話であれば1分でもOK。あるいは部下と一緒に外勤するときなどは部下と話せる絶好の機会です。

社内の休憩スペースもコミュニケーションの場として利用できるでしょう。部下を見かけたらひと声かけられるチャンスです。ランチの時間も有効ですが、無理に誘えないような状況もあると思いますので、「タイミングが合えば」程度でOKです。

このように少しの「スキマ時間」を見つけるだけで部下と話す機会はいくらでも見つけられますし、お互いの仕事を邪魔することもありません。

まず大切なのは、こまめに話しかける機会を作るという意識を持ち続けることです。機会がなければ話すことすらできませんから。

2 何を話すか？（WHAT）

次に「何を話すか？」。最もシンプルなのは、「相手の調子（気分）を聞く」ことです。「今日の調子（気分）はどう？」「最近はどんな感じ？」でかまいません。

ここで大切なポイントは、**話の内容というよりも「部下の反応を見る」**ことです。

顔の表情はどうか？　声のトーンは？　雰囲気はどうか？　といった「非言語メッセージ」に意識を向けましょう。

「元気です」と言っているのに、暗そうな表情をしたり、声に覇気がなかったりしたら要注意。**「言語と非言語の不一致」を見逃さない**ことです。

もし、そういった様子があったら、スキマ時間以外の対話の機会を作りましょう。その場合、「もし、よければ少し話せる？」と部下の同意を取り、部下が安心して話せるように1対1の安心安全な場を作りましょう。

このような1対1のケースでは、リーダーが話すテーマを決めるのではなく、あくまで部下がテーマを決めます。

具体的な切り出し方としては、「最近、何か気になっていることはある？」とか、「悩んだりしていることはある？」のような切り出し方がいいでしょう。部下が話しやすいように優しい眼差しで問いかけてあげるのがポイントです。

部下が自ら話せるように会話の流れを作ることに意識を向けてみてください。

3　どのように聞くか？（HOW）

最後は「どのように聞くか？」。

これはスキマ時間の場面やそれ以外の場面においても同様、リーダーは自分からペラペラ話すのではなく、「聞き役」に回ることが大切です。

日本の企業組織は、上司と部下という表現どおり、「上下関係」が根強く残っています。心理的には多くの場合、下から上に対して話しづらいものがあります。

冒頭でお伝えしたように、部下は上司に耳を傾けてほしいのです。そのため、上司は部下の話す内容や意見をジャッジしないで、ありのままを受け入れるように傾聴することが大切です。

前出の「集中的傾聴」を使うのがよいでしょう。限られた部下との貴重な対話の時間をいかに効果的なものにするかどうかはリーダーの聞く姿勢によるのです。

「そもそも、何のために部下と話す時間を取るのか？」

ここでお伝えしたいことは、ただ単純に部下と話す時間を作ればいい、ということではありません。形式的に部下と話す時間を作っても効果は生まないどころか逆効果になることすらあります。

コミュニケーションの本質は「心と心が通じ合う」ことです。心と心が通じ合わなければ、信頼関係を築くことはできません。その本質が理解できれば、部下との会話の大切さの意味がわかってくるはずです。

ポイント

- 会話の少なさは人間関係の不仲の大きな原因の一つと考えられる。
- 「スキマ時間」をうまく活用して、部下との対話の機会を増やす。
- 1対1の場合、何を話すかのテーマは上司ではなく、部下が決める。
- 部下の話す内容をジャッジしないで、ありのままに傾聴すること。
- コミュニケーションの本質は、「心と心が通じ合う」こと。

従来のリーダーは

部下との会話の時間を面倒だと思う。

新時代のリーダーは

部下との会話の時間を大切にする。

会話の苦手なリーダーが身につけるべき雑談力

▼部下との雑談が信頼関係を作る

雑談力の鍵は何でしょうか。

雑談とは、「人間関係や仕事の質を根本から変えてくれる魔法のようなメソッド」であると、『超一流の雑談力』（文響社）の著者、安田正氏は定義しています。部下とのコミュニケーションを円滑にしたり、お互いの関係性を深めたりする上でも、上司が雑談力を高めるのは、とても価値のあることです。

雑談と言えば、面白い話ができなければならないと勘違いしている方もいますが、実はそうではありません。自分がウケるだろうと思った話題が相手に受け入れられるかどうかわかりません。また、せっかくの雑談も聞き方が悪いと相手に不快感を与え、相手との関係に悪影響すら与えてしまいます。

会社員だった頃を思い出しますが、上司のくだらない雑談に付き合わされて、時間を無駄にしたことが何度もありました。

反対に、雑談が上手な上司もいて、非常にコミュニケーションが取りやすかったり、お互いの信頼関係も深まったりしたケースもありました。私自身は、以前は雑談が苦手だったのですが、コーチングを身につけてからは、初対面の人でもすぐに仲良くなれるくらいに雑談が得意になりました。

その鍵は何かと言えば、「聞く力」です。

雑談が上手だった上司は、間違いなく「聞き上手」でした。ベラベラと一方的に話すことなく、むしろ聞き役として、雑談の流れを上手に作っていたのです。

私も雑談上手になったのは、コーチングで傾聴力を身につけたからです。

雑談は、自慢話や教養を見せつける自分の承認欲求を満たす場ではありません。部下とのコミュニケーションを円滑にしたり、お互いの信頼関係を深めたりするツールです。

その目的からすれば、話す力よりも聞く力を磨くほうが圧倒的に効果的なのです。とは言え、「話題のない状態でどのように雑談するのか?」「どのように雑談のきっかけを見つけるのか?」といった疑問もわいてくるでしょう。そのような場合、次の3つのポイントがとても役に立ちます。

【雑談のきっかけを作る3つのポイント】

1 「部下が話したいテーマを聞く」

最もシンプルな方法が「部下が話したいテーマを聞く」です。

一方、ストレートに「何が話したいですか?」と聞くのはあまりにも不自然です。部下に話しかけるなら、「最近、気になることは何かある?」とか「最近のマイブームは何?」という感じで部下が話したい話題の糸口を探ってみるのがいいでしょう。雑談の流れを上手に作るには、相手を主役にすることが大切なのです。

2　「部下の価値観を聞く」

まず部下の価値観を聞くことから始めましょう。

部下の価値観を理解できれば、信頼関係が作りやすくなります。

なぜなら、部下が大切にしていることは大切にし、部下が嫌なことはしない、といった行動を取れるからです。

たとえば、「普段、仕事で大切にしていることって何？」と聞いてみることで、部下が仕事上で大切にしている価値観をうかがい知ることができます。部下が「チームワークを大切にしたいと思っています」と答えたとしたら、さらに「具体的には？」と好奇心で問いかけることでさらに深いレベルで部下の価値観を知ることができるでしょう。

3　「部下の悩みを聞く」

最後のポイントは、「悩みを聞く」です。

普段、悩みとは無縁に見える部下でも必ず悩みはあります。

そう見えないのは、ただ悩みを打ち明ける相手がいないだけ。そんなとき、悩みを聞いてもらえる上司がいたら、大変心強いのです。もちろん、悩みを打ち明けられるぐらいの信頼関係を部下と築いてなければ、悩みを聞いても話してくれません。

「悩み」は、最も話しにくい話題であるが故に、話せるような存在になると、非常に深い信頼関係が生まれます。

部下が悩みを話してくれたら、ただただ聞いて共感してあげましょう。アドバイスを求められた場合を除いて、余計なアドバイスは一切不要です。

部下が自ら動き出せるようになるためにも、部下自身が自ら解決策を見つけていくことが大切なのです。

雑談を上手に使うことで、部下とのコミュニケーションが円滑になり、信頼関係を深めることができます。くだらない雑談で部下の時間を奪うのか、上手に雑談を使って仕事のパフォーマンスを高めるのか。

雑談の秘訣は、「何をどう話すか」ではなく、「何をどう聞くか」です。

「聞く力」を高めることで、あなたも雑談上手になります。

ポイント

- 雑談とは、人間関係や仕事の質を根本から変えてくれるメソッド。
- 何か面白い話をする必要はない。雑談の肝は「聞く力」である。
- 雑談は己の承認欲求を満たす場でなく、相手との信頼関係を深める場。
- 相手の話したいテーマを聞くことが、雑談の鍵。
- 雑談の秘訣は、「何をどう話すか」ではなく、「何をどう聞くか」。

従来のリーダーは

雑談で自分のことばかり話して、部下の時間を無駄にする。

新時代のリーダーは

雑談で部下の話をよく聞いて、信頼関係を深める。

第3章

部下が動き出す「1on1」の技術

心理学が証明した新しい部下の動かし方

▼なぜ「1 on 1」は注目されるのか？

リーダーは「多数の人々」を動かすことがこれまでの常識でした。

従来の組織では、一人のリーダーが多数の部下を動かすという「1対多の構造」が前提となっていて、それは組織の合理的かつ効率的な運営上、ある種当然のこととされていました。

では、何万、何十万という構成員からなる組織のトップが一人一人を管理できるか、と言えば、それは物理的に不可能です。

従って、現実的に現場で人を動かすには、ある程度人数が絞られた単位でマネジメントすることになります。

歴史を振り返ると、かつて世界最強と言われたモンゴル帝国では、部下の管理単位は10名とされていて、この単位を増やすことで1万人の人員を統率できたと言われています。

実際、経営学や組織論でも扱われる「スパン・オブ・コントロール」（リーダーが直接的に管理している部下の人数や業務領域）のセオリーでも、管理できる最適な部下の人数は最大で10名程度とされています。

このことから、多くの企業において、実働部隊となる課やチームは概ね5人〜10人程度の単位となっており、業務効率化の観点からも、リーダーはこのレベルの人数を相手にマネジメントすることが定石でした。

それ故、1対1のマネジメントというのは非効率であり、物理的にも対応困難と思われてきたのです。

ところが、ここ数年、アメリカのシリコンバレーに端を発し、グーグル、ヤフー、マイクロソフト、インテルほか、日本の東証一部上場企業においても「1 on 1」（ワン・オン・ワン）という名称で1対1のマネジメント手法が普及しつつあります。

一方、1対1のマネジメント手法といっても、多くの企業がすでに行っている1対1の人事面接、あるいは業務の打ち合わせなどとはまったく異なるものです。一言で言えば、「1対1のコーチング」と言えるでしょう。単に1対1で顔を合わせればいいというものではないのです。

1 on 1では、コーチングが主たるコミュニケーション手法となります。そのため、1 on 1を機能させるには、上司の側がコーチングスキルをある程度身に着けて、コーチとして部下とかかわることが極めて大切です。

もし、上司がコーチングを知らずにあるいは中途半端なスキルで1 on 1を行うと、期待される効果が得られないばかりか、部下を追い詰めてしまったり、お互いにとって非常にストレスになったり、安全な場が危険な場となるなど、逆効果になってしまいます。

ですので、1 on 1を導入する場合には、必ず経験のある信頼のおけるプロコーチの指導が必要です。

では、これほどまでに注目される1 on 1ですが、どのような効果が期待できるのでしょうか。

実は1 on 1には多くの期待できる効果があります。

第1に「心理的安全性」です。これは第1章でもお伝えしたように仕事のパフォーマンスを発揮させる上で極めて大切な要素です。

1対1の場面において、コーチングを通じてラポールが形成されていくと心理的安全性が非常に高まります。また、1対1でお互いに守秘義務を守り、第三者に干渉されない場が確保されることも心理的に安心安全な場を作り出します。

第2に「信頼関係の強化」が挙げられます。1 on 1は通常、週に1回、あるいは隔週1回、最低でも月1回といった頻度で継続的に実施されます。これにより、ザイアンス効果（単純接触効果）が高まり、上司と部下との間に親近感が生まれます。

ここで大切なのは、コーチ役となる上司が傾聴を通じて部下に対する理解を深めることと同時に（相手理解）、相互フィードバックのプロセスを通じて上司自身も自分を振り返り「自己理解」を深めることです。

上司と部下がお互いに対する理解を深め、共に学び成長し合うという「相互理解のプロセス」が極めて重要なのです。お互いが対等であり上下関係ではなく水平関係であるからこそコーチングが機能して、お互いの信頼関係は強固になっていきます。

第3に「部下の主体性を高める」ことが挙げられます。

これはコーチング本来の目的とも関連するのですが、コーチングでは基本的に教えたり、アドバイスしたりしません。これは先生と生徒のような上下関係を前提とするティーチング（教える）との決定的な違いであり、コーチングの主たる特徴とも言えるでしょう。

コーチングでは、部下の考えや思いを傾聴しながら、部下の才能や能力、可能性を引き出すために質問を投げかけて、部下が主体的に行動できるように促します。

アドラー心理学では、「自己決定性」とも言われたりしますが、これは「自分のことは自分で判断して決める」という他人や環境に振り回されない自責の考え方をベースとしています。

そのほかにも、

- 部下のやる気やパフォーマンスの向上
- 問題の早期発見
- 目標達成を容易にする
- 学習、スキルの向上
- 人材流出の防止
- リーダーシップ力の向上

など、様々な効果が期待できます。もちろんお伝えしたように、いずれの場合にも、上司がコーチングを使いこなせることが前提条件となります。

1on1はまだ普及し始めたばかりであり、企業現場では本格導入に向け試行錯誤が繰り返されています。

「忙しくて部下と1対1の時間なんて取っていられない」というのがもしかしたら現場のリーダーの本音かもしれません。

ですが、もしそれをすることにより、今の忙しさや仕事のストレスから解放されて、組織の生産性や業績が上がるとしたらどうでしょうか。

「狂気とは即ち、同じことを繰り返し、違う結果を期待することだ」

これはアインシュタインの言葉です。

がむしゃらに頑張っても、何倍も時間を割いて努力したとしても大して違わない行動を繰り返していたら結果は変わりません。

組織とは一人一人の思いやビジョンが集まって成り立っています。リーダーも一人の人間。部下一人一人と向き合う時間を取ることでこれまでと異なる変化を起こすことができるのです。

ポイント

- 近年グーグルなどの先進企業では1on1が注目されている。
- 1on1では、「コーチング」が主たるコミュニケーションの手法となる。
- 1on1で期待できる一番の効果は、「心理的安全性の確保」である。
- 1on1は、信頼構築や部下の主体性を高めるなどの効果がある。
- 部下一人一人と向き合うことで、新しい変化が起こせる。

従来のリーダーは

1対多で人を動かす。

新時代のリーダーは

1対1で部下を動かす。

1 on 1が会社・組織を強くする

▼カリスマ性に頼らないリーダーのあり方

「組織を活性化するにはどうしたらいいでしょうか」

私は組織心理学の専門家でもあることから、企業関係者の方に相談されることがあります。私の答えはいつもシンプルで、「社員一人一人を大切にすることです」とお答えしています。ありきたりな言葉かもしれませんが、組織を活性化するには、実はこれが最も大切なことなのです。

往々にして、組織の規模が大きくなるにつれ、「大切な存在」のはずの社員が機械の歯車のひとつのようにしか扱ってもらえない場合があります。

経営側の都合が悪くなると、使い捨ての駒のように「無関心な存在」となり、「お前の代わりぐらいほかにいくらでもいるんだ！」と切り捨てられてきた社員はどれほどいることでしょう。

米国の大手調査会社であるギャラップ社の調査では、**社員が最もやる気を削がれる原因は「社員に対する無関心」**と報告されています。


組織とは一人一人の人の集まりです。

組織を生命体と考えるとわかりやすいですが、生命体を構成するのは一つひとつの細胞であり、これらの細胞が元気でなければ、生命を維持することはできません。

組織もまったく同じです。

物事の原理に立ち返れば、組織の構成員である社員一人一人を大切にして、社員が元気に働けるような環境を創造することが必要不可欠なのです。

組織活性化でよく議論になるのがリーダーシップです。

その際よくあるのが、リーダーに対する過剰な期待論。仕事ができてやる気も元気もあるリーダーが先陣を切って部下を引っ張っていけば組織は活性化されるというものです。

ある種、リーダーのカリスマ性に頼っているケースが未だに多く見られます。

確かにカリスマ性のあるリーダーが組織を活性化させたり、復活させたりした事例はありますが、問題はそのリーダーが組織を去ったときです。

一人のカリスマ的なリーダーへの依存は、部下の主体性を損ない、組織が自立発展的に成長していく際の障害ともなります。一人のリーダーが頑張っても組織の活性化は困難なのです。

次に指摘したいのは、組織コミュニケーションの視点です。

個人と組織との関係は双方が互いに影響し合いながら、共に変化していく「相互作用ダイナミズム」（複数の要素が互いに影響を及ぼし合って全体的に変化を生み出す作用）の関係にあります。

組織には、フォーマルな組織（組織規程にある部、課、チームなどの職務上の組織）とインフォーマルな組織（職務上の関係を離れた人の集まり。若手の会、同好会、感情に基づく人間集団等）があり、組織はフォーマルな組織とインフォーマルな組織との相互作用ダイナミズムによって、組織全体の意思決定や組織文化が形成されていきます。つまり、組織は単にフォーマルな側面だけで成り立っていないので、インフォーマルな側面も含めて組織全体を理解し、把握する必要があるということです。

この2つの組織によってなされるコミュニケーションには、フォーマルなものとインフォーマルなもので構成されます。フォーマルなコミュニケーションのデメリットは、本音で話せない、同調圧力に流される、職務権限や役割による意思疎通の制約などが挙げられます。

その結果、組織の改善や成長のために本来共有されたほうがいい情報（表に出ない隠れた情報。何らかの隠蔽やパワハラといったネガティブなものから、課内の専管事項ではないが、部あるいは組織全体にとって役立つ業務効率化のアイデアなど）が共有されずに、問題が大きくなってから発覚するリスクがあります。

一方、インフォーマルなコミュニケーションは、組織規定や役職権限などに縛られず、自由な場であることから、組織内における知識共有やイノベーションに効果的であるとか、仕事の生産性向上やワークモチベーションにも影響を与えるとの研究もあります。つまり、フォーマルなコミュニケーションを補完する「潤滑油」として機能しています。

このように組織には2つのコミュニケーションのルートがある中で、1 on 1は、フォーマルなコミュニケーションの場でありながら、インフォーマルなコミュニケーションが持つメリットを取り込んだ、非常に画期的なコミュニケーションの手段なのです。

1 on 1の持つ効果については、すでにお伝えしたとおり、「心理的安全性を高める」、「信頼関係を高める」、「部下の主体性を高める」などといった組織の活性化には不可欠な効果を生み出します。

これは、ダニエル・キム教授が提唱した有名な「組織の成功循環モデル」とも高い関連性があるのですが、本モデルの最大の特徴は、「関係の質」を最も重要なエントリーポイント（出発点）としていることです。

「関係の質」が高い状態、つまり、心理的に安心安全を感じられる人間関係で結ばれ、信頼関係が強い状態が作られると、「思考の質」が高まって新しいアイデアやチャレンジ精神といったポジティブな思考が働きやすくなります。

その結果、「行動の質」がどんどん良くなり、社員が主体的に、あるいは積極的に行動できるようになり、協働や貢献といった質の高い行動へとつながります。最終的には、それらの行動によって「質の高い結果」（成果）が生み出されていくのです。

一方、多くの企業が最初に意識を向けるのは、「関係の質」ではなく、「結果の質」です。そのため、業績が悪化している場合、まずは「結果の質」を上げようと必死になります。

ダニエル・キム「組織の成功循環モデル」

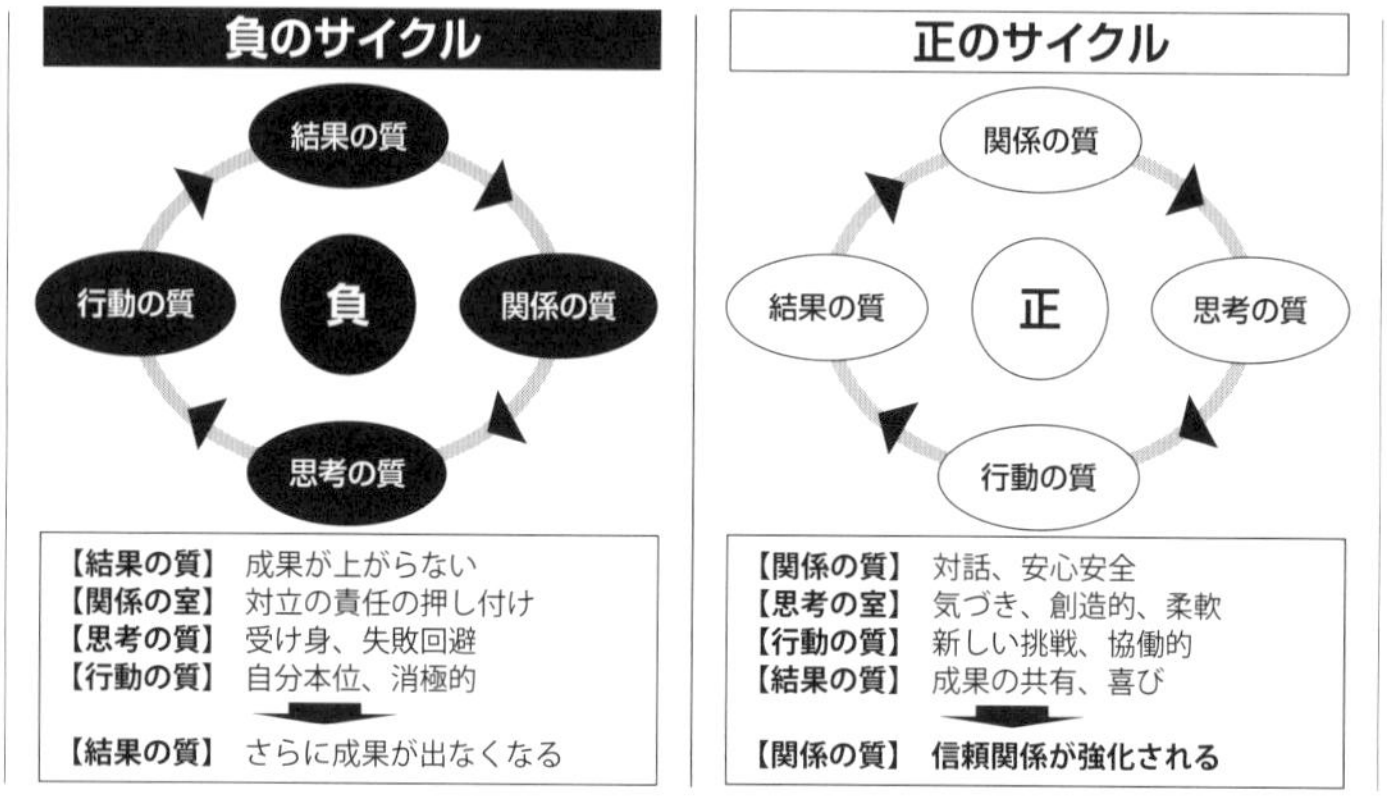

そして結果に意識が集中するあまり、「関係の質」を悪くしてしまいます。上司と部下の対立、他者への責任転嫁、相互不信といった負の関係に陥ります。

すると、失敗を避けたいというマイナス思考となり、「思考の質」が落ちていきます。

その結果、消極的になったり、利己的な自分優先の行動を招くなど、「行動の質」も低下していきます。最終的には、成果も下がっていく負のスパイラルです。

組織を活性化し、組織の成功循環を生み出す上で大切なことは、「関係の質」の向

上を最重要事項として取り組むことです。

組織の活性化は、一人のリーダーに任せるべき課題ではありません。
部下が依存体質になれば組織の自立発展は困難になります。
だからこそ、一人一人と向き合って関係性を高める「1 on 1」に大きな期待が寄せられています。

グーグルでは「マネージャーの仕事は?」と聞くと、「1 on 1が50%。あとは評価」との回答が返ってきたという話もあります。最先端を走っている世界最高峰の企業が、これほどまでに1 on 1を重要視している背景には、確固たる根拠があるからです。

対して日本企業はOECDによる統計でも明らかなように、OECD加盟国36か国中、20位と依然として労働生産性が低く（2018年統計）、プレイングマネージャーも増えていると聞きます。

当たり前のことですが、「一人一人の社員を大切にする」というシンプルな原理原則が組織を活性化させるのです。

部下と話す時間がないと嘆いている日本の企業がこの逆境を乗り切るためにも、抜本的にマネジメントのあり方を見直す時期に来ているのではないでしょうか。

ポイント

- 組織を活性化するには、「社員一人一人を大切にする」こと。
- 社員が最もやる気を削がれる原因は「社員に対する無関心」である。
- 一人のリーダーに組織の活性化を期待しても、長くは続かない。
- グーグルではマネージャーの仕事の50％は「１on１」とも言われる。
- 「１on１」は「関係の質」を高め、組織活性化を促す効果的な手法。

従来のリーダーは

自力で組織を動かそうとする。

新時代のリーダーは

1on1を使って組織を活性化する。

10分間1 on 1の実践方法

▼部下とのラポール構築が何よりも大切

「時間がないから、やりたくない！」

1 on 1を社内に導入しようとすると、特に現場の最前線で働くリーダーは、抵抗感を示すことも多いでしょう。部下の反応も同様です。

通常、1 on 1を実践する場合、1時間程度は必要とされています。プロコーチとして普段から1対1でコーチングを行っている私も、通常、セッションは1時間から1時間半の時間をかけています。

理由はいくつかありますが、シンプルに言えば、やることがそれだけあるからです。前回からの振り返り、当日のテーマ（悩みや課題）の深掘り、理想の状態の明確化、今後の行動プラン、次回に向けたコミットメントなど。

これらのプロセスをちゃんとやろうとすると、やはり1時間程度はどうしてもかかってしまいます。

また1 on 1は、継続して実践するからこそ効果が発揮されるので、経験学習のサイクルの観点からも、基本的に1時間程度は必要です。

しかし、どうしてもそんなに時間を取れないという人でも実践できる「10分間1 on 1」をお伝えしたいと思います。

最初に、この10分間1 on 1の目的を明確にしておきたいと思います。

それは「部下とのラポール構築を主たる目的とする」ということです。その理由は、ラポールは「コミュニケーションが機能するための前提条件」だからです。

1 on 1を導入する場合の第一のハードルは、「時間の問題」ですが、第二のハードルは「人間関係の問題」です。

「苦手な上司と1対1で話すなんて嫌だ！」
「部下と何をどう話したらいいのだ？」
という不安がかなりの確率で発生します。これはそもそも上司と部下の関係性ができていないからです。ラポールが構築されていれば第二のハードルは簡単に越えることができます。

そしてさらに重要なことは、ラポールが構築されていないと、1 on 1そのものが機能しなくなるということです。仮に1時間やれるとしても、ラポールが構築されていない場合、その時間が無駄になるどころか悪影響を与えることすらあります。

ですので、10分間1 on 1では前提条件となるラポール構築を目的に行うことが効果的です。ラポールが構築されれば、1 on 1の時間はお互いにとって不快なものではなくなり、気づきや学びを得られる素晴らしい成長の機会へと変化していきます。そうなれば、部下の理解や同意も得られやすくなり、本来1時間かけてやるべき1 on 1を行える環境が整ってくることでしょう。

ではまず、10分間1 on 1の具体的な方法についてお伝えします。

▼10分間1on1の基本姿勢

具体的なステップに入る前に、まずは大切な「基本姿勢」について説明します。

それはNCRW（Naturally Creative Resourceful and Whole）というもので、「人は生まれながらに創造的で欠けていることのない完全な存在である」という考え方です。

このような姿勢で部下の話を聞いてあげられるとしたら、部下は、批判や評価を気にすることなく、自由に本心で話せるようになります。

また自分が聞きたいと思う関心事項を聞くのではなく、相手が話したいことを聞くという姿勢もとても大切です。

自分が聞きたいことしか聞かない姿勢は、自分のことにしか意識が向いておらず、相手を理解しようという姿勢ではないからです。

また、職務上の上下関係（リーダーシップ）はいったん手放して、対等な水平関係

（パートナーシップ）で相手とかかわることが重要です。

ほかにも、細かいですが、「話を遮らない」、「話をかぶせない」、「アドバイスや意見を言わない」、「ジャッジ（評価判断）しない」といった1 on 1を効果的に実践する上で大切なことがあります。

これらの基本姿勢を守ることで1 on 1は効果を発揮するということを覚えておくとよいでしょう。

では、10分間1 on 1の3つのステップについて説明します。

▼10分間1 on 1　ステップ1（ラポール構築）

最初のステップはラポールの構築です。まず、お互いに「心理的に安心安全を感じられる」ことが大切です。

人が不安を感じるのは相手がどんな人間なのかがわからないからです。そのため、お互いに自己開示をしていきます。

自己開示で効果があるのは「お互いの歴史」を知ることです。仕事以外のプライベートなことでもOK。ただし、詮索するようなことはせず、お互いが話せるテーマで自己開示していくことが大切です。

そのため、テーマは話す側が決めます。時間が10分なのでテーマはひとつ。どちらが先に自己開示するかも自由に決めてかまいません。なお、お互いが心をオープンにして話すためにも「守秘義務」は絶対に守りましょう。

上司「今日のテーマは何かな？」
部下「学生時代に頑張ったこと、にします」
上司「OK！　じゃ5分くらいでお願いします」

▼10分間1on1　ステップ2（傾聴：相手の感情を聞く）

このあと、部下が学生時代に頑張ったことについて5分程度で話してもらいますが、ここでは話の内容よりも、部下の気持ちを聞くことにフォーカスしてください。

そのためには非言語メッセージ（顔の表情、声のトーン、身体の動き等）に意識を向けることがポイントです。

多くの人は、話の内容を聞くことには慣れていますが、気持ち（感情）を聞くことには慣れていません。傾聴とは「話の内容」と「感情」を聞くことです。傾聴をマスターするためにも「感情を聞く」ことに慣れる必要があるのです。

さらに傾聴を円滑にするには「相槌《あいづち》」をうまく使う必要があります。

「うん、うん。それから？」「具体的には？」「ほかには？」といった具体化の質問を使うだけでも部下は話しやすくなります。

また、頭を上下に動かす「頷き」の動作を使うことによって、相手は「聞いてもらっている」という安心感も得られるので、頷きも使うとよりラポールが深まります。

上司「うん、うん。それから？　……おお、それで？」（相槌と頷きを使う）
部下「そうなのです！　それから、……だったのですよ！」
上司「ありがとう！　とても感動したよ。あなたの人となりもよく伝わってきたよ」
部下「ありがとうございます！」

▼10分間1on1　ステップ3（振り返り）

最後の1〜2分で簡単な振り返りを行います。

その際のポイントは、聞き手である上司がアドバイスや意見をすることなく、部下の話を聞いて感じた感情を素直に伝えてあげることです。

感情表現をお互いに共有できるようになるとラポールが深まります。最後は、部下に対して「感じたことや気づき」をシェアしてもらいます。部下は自分の気持ちや気づきを言葉にすることで自己理解が深まります。

上司「話してみて何か感じたこと、気づいたことがあれば話してくれる？」
部下「楽しかったですね。学生時代の自分を思い出して初心に戻れた気がします」
上司「それは良かった！　また次回楽しみにしているよ」

10分間という非常に限られた時間ですが、これをやるだけでも上司と部下のラポールは格段に深まっていきます。

普段話すことのない「お互いの歴史」を理解することによって、より幅広い視野でお互いのことを見ることができるようになるからです。

一点、注意しなければならないことがあります。

それは、お互いのことが徐々にわかってくると「この人は内向的だな」とか「この人は短絡的だな」とレッテルをはってしまうリスクがあることです。

理解しきれたと思ったら終わりです。人の理解は尽きることがありません。

「理解し続けるという姿勢」がとても大切になります。

この10分間1 on 1の開催頻度については、できれば週1回か隔週で1回を3ヵ月程度繰り返すといいでしょう。ラポールが構築された段階で、1時間の1 on 1に切り替えていけば、さらに1 on 1の効果が高まります。

なお、1on1は、基本的に対面のリアルで実施することが理想ですが、時間や場所を調整するのが難しい場合には、ズームやフェイスブックなどのオンラインビデオツールを活用すると、とても便利です。

わざわざ会議室を予約する必要もなく、出張先のホテルからでも実施することができるので、より効率的に実践することが可能です。

ポイント

●相手とラポールが構築されていなければ、「1 on 1」は機能しない。
●「1 on 1」は、傾聴、質問、ラポール構築等、コーチングスキルが不可欠。
●「10分間1 on 1」は、時間が取れないときに有効な手法。
●「10分間1 on 1」は、相手とのラポールを構築するのが主目的である。
●「10分間1 on 1」は、ラポール、傾聴、振り返りの3ステップで行う。

従来のリーダーは

時間がないと言い訳し、1対1の対話の時間を取らない。

新時代のリーダーは

1 on 1の必要性を理解して、積極的に時間を取る。

ノーマル1on1のやり方

▼基本的な1on1の実践方法

次に、1時間ほどかけて行う基本的な1on1の実践方法をお伝えします。基本姿勢については、10分間1on1の箇所で説明している内容とまったく同じです。基本姿勢は1on1を機能させる上での前提条件になりますので、リストアップするなどして手元に置いておきましょう。

1on1の基本プロセスは、**組織行動学者のデビッド・コルブ氏が唱える「経験学習モデル」**を参考にするのがいいでしょう。

デビッド・コルブ氏の「経験学習モデル」

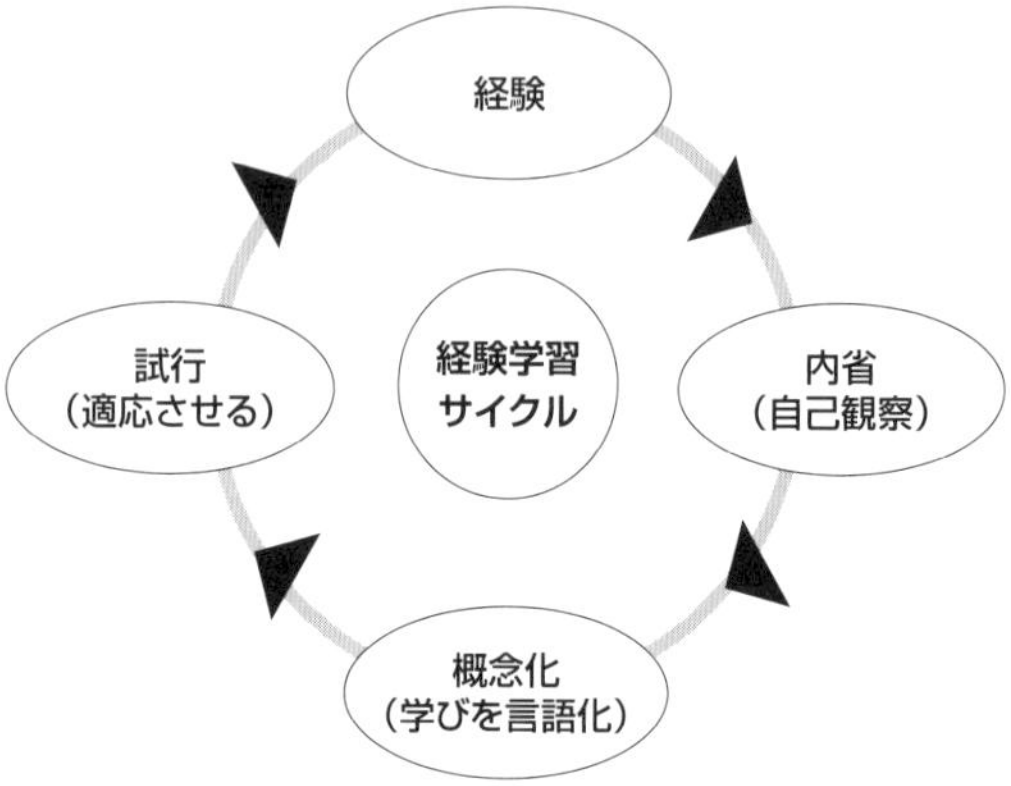

コルブ氏は、体系化された知識やノウハウを受動的に学習する手法と区別し、実際の経験を通じ、それを内省（自己観察）して概念化することでより学びを深めることができると唱えています（図参照）。

この経験学習のプロセスと組み合わせながら、1 on 1の実施ステップを踏んでいくと効果的です。

なお、すべての実施ステップにおいて、第2章でお伝えした「集中的傾聴」（レベル2）、あるいは「全方位的傾聴」（レベル3）を意識した傾聴を心掛けてください。

【1on1の実践7ステップ】

・ステップ1（経験後の振り返り）

前回の1on1でコミットした行動について進捗も含めて振り返りを行います。できたこと、できなかったことの両方から得た気づき、学び、改善点などを振り返ってもらいます。コーチ側（上司）はアドバイスや意見は求められない限りしません。

・ステップ2（テーマ設定）

テーマはコーチ側（上司）ではなく、相手（部下）が設定します。話したいテーマ（悩みや課題など）は何か、なぜそのテーマを扱いたいのか、について話し合います。

・ステップ3（現状の明確化）

「今どのような状態にあるのか」を明確にしていきます。コーチ側（上司）は、「具体化の質問（具体的には？）」や「視点を変える質問（もし、自分が社長だとしたら、この現状がどう見える？など）」を相手（部下）に投げかけることで、より幅広い視野で現状を捉えることができます。

・ステップ4（理想の明確化）

現状がより明確に把握できたら、今度は「どのような状態になったら理想なのか」を明確にしていきます。

その際、相手（部下）の思考に限界を作らないように、「可能性の質問（もし、あなたが何でもできるとしたら、どうしたい？など）」を使います。また理想の状態に制限をかけないように「すべき（Have to）」ではなく、「したい（Want to）」にフォーカスしてもらいます。

・ステップ5（ギャップの解消）

現状と理想の状態が明確になれば、現状と理想とのギャップも明確になります。

そうなったら、次にコーチ側（上司）は、「視点を変える質問」や「可能性の質問」などを使って、ギャップを解消するための方法やプロセスを明確にしてもらいます。

ここでもコーチ側（上司）は相手から求められない限り、アドバイスはしません。課題を解決するアイデアを部下に自ら導き出してもらうためです。

・ステップ6（行動目標の明確化）

現状と理想とのギャップを解消する方法やプロセスが明確になったら、「何を（What）、いつまでに（When）、どのような方法で（How）、どれくらい（How many/much）行動するのか？」と具体的な行動目標に落とし込みます。そうすることで行動しやすくなります。

・ステップ7（コミットメントと勇気づけ）

最後は、相手（部下）が行動を実践するためのコミットメント（自分との約束）を宣言します。コミットメントはあくまで相手（部下）からの発意であり、コーチ側（上司）の強制であったりしてはなりません。

どこまでやるか、あるいはやらないのか、も含めて自らの意思でコミットメントしてもらうことが大切です。

コーチ側（上司）は、相手（部下）のコミットメントに対して勇気づけを行います。「応援するよ」「見守っているよ」「何かあればいつでも相談してね」など相手（部下）のサポーターであり続けることを伝えることが大切です。

1on1の実践7ステップ

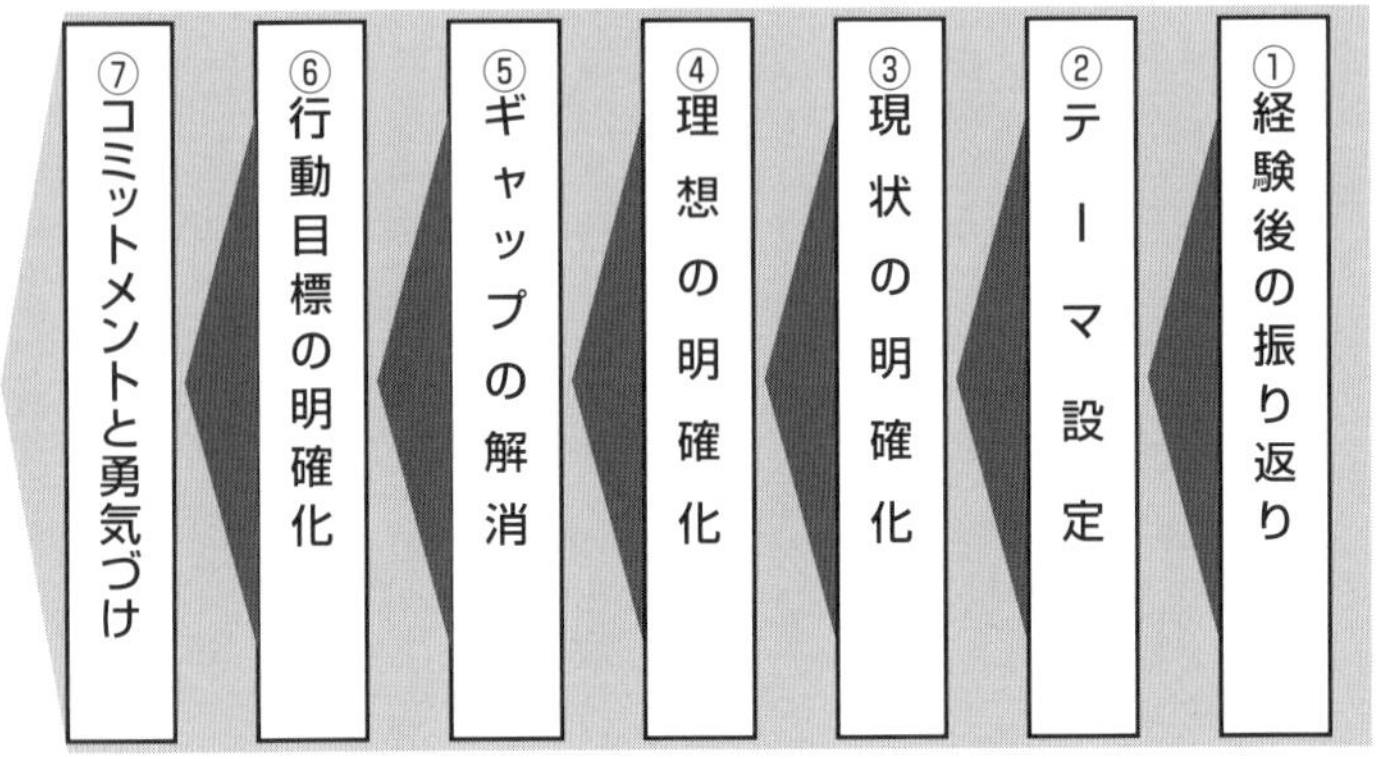

基本的な1 on 1の実践ステップは以上です。

このステップを効果的なものにするには、「傾聴のスキル」「質問のスキル」「フィードバックのスキル」などといった個々のコーチングスキルが必要になります。

これらの個別スキルは一気に身に着けることは難しいので、毎回テーマを決めてスキルごとに練習するのがいいでしょう。

ポイント

- 1on1の基本プロセスは、経験学習モデルを参考に行う。
- 1時間1on1は、7段階で現状と理想のギャップを解消する。
- 1on1の最中は、集中的傾聴や全方位的傾聴を意識して行う。
- 1on1では、アドバイスはせずに、相手に解決策を考えてもらう。
- 勇気づけを行うことによって、心理的安全性を創り出す。

従来のリーダーは

我流と思い込みで、1対1の対話を進めてしまう。

新時代のリーダーは

正しい手順に従って、1on1を効果的に実践する。

部下のモチベーションを高める方法

▼「内観の質問」で部下の心の声を聞く

「部下のモチベーションを上げるにはどうしたらいいか」

これは、リーダーの悩みの上位に常にランクインするテーマです。

ここで**大切なのは「モチベーションを上げることそのものが真の目的ではない」**ということです。

そもそも何のためにモチベーションを上げる必要があるのでしょうか。会社、あるいはリーダーの立場からすれば、部下がちゃんと働いて成果を出してほしい、というのが真の目的です。

裏を返せば、モチベーションが高い低いにかかわらず、行動して成果を出してくれれば問題はない、というのが本音だと思います。

一方、社員や部下の立場で考えた場合、モチベーションが低い、あるいはない状態で働くというのは、自分の意に反する行動でもあるので、精神的に健全な状態ではありません。中長期的に見ると、何らかの問題が発生する可能性が十分にあります。たとえば、鬱病などの健康上の問題などを引き起こし、仕事自体が回らなくなるということもありえます。

人が働くモチベーション（動機づけ）は様々ですが、大まかに分類すると、「外発的動機」と「内発的動機」に分類されます。

外発的動機とは、外部から与えられる動機のこと。会社組織の事例で言えば、金銭的報酬（給料や賞与）や地位的報酬（昇進、権限付与）が該当します。

外発的動機は短期的に人を動かしやすい反面、そもそも外部から与えられないと動かないという仕組みなので、自ら動くという主体性を奪ってしまいます。

たとえば給料が下がり続ければ、その会社で働くモチベーションがなくなり、転職などの人材流出も発生します。

対して、内発的動機とは、自分の心の中から生まれる動機です。

たとえば、「お客様に感動を与えたい」「環境に優しい社会を創造したい」のような外発的動機づけに影響されない自発的なモチベーションを指します。

ただし、内発的動機の難点として挙げられるのは、自己理解が浅いレベルだと外発的動機に影響されやすくなります（例：お客様に感動を与えられなくても給料が高いほうがやっぱりいい）。

結果的に、その人の主体性を損なってしまう可能性があるということです。

大切なことは、「部下の主体性をどのように引き出していくか」です。

そのためには、上司が内発的動機を喚起する必要がありますが、外発的動機に影響されない深いレベルの内発的動機を、部下が自ら発見していくことが大切になります。

▼部下が自然と動き出す4つの質問

では、上司としては部下の内発的動機を喚起するために、どのようにかかわっていけばいいのでしょうか。

「そもそも内発的動機は自分自身が見つけるものだから、上司はかかわりようがないだろう？」と思われる方も多いことでしょう。

実は効果的な方法があります。

それは1on1の場を使って行う「内観の質問」です。内発的動機を喚起する質問のパターンは次の4つです。この質問を繰り返して問いかけます。

①「なぜ、そうするのか？」（行動を問う）
②「なぜ、それが大切なのか？」（価値観を問う）
③「それはどういうことか？」（思考を問う）
④「本当は何を実現したいのか？」（目的を問う）

なお、1on1でこのような「内観の質問」を問いかける場合、前提を伝えることが大切です。具体的には次の3点です。

- 質問に対してじっくりと真剣に自分と向き合ってもらうこと
- 正しい答えはないこと
- 人事評価とはまったく関係がないこと

自分の本心と向き合ってもらい、自己理解を深めてもらうことが第一の目的なので、それを阻害するような条件は排除しておくことが必要だからです。

まず①の「行動を問う質問」ですが、たとえば「なぜ、この会社で働こうと思ったのか?」という問いかけをしたとします。

それに対し、「給料がいいから」のような外発的動機を答える場合もありえるでしょう。最初はそれでも何ら問題ありません。

次の②「価値観を問う質問」によって、自分にとって「なぜそれが大切なのか？」と向き合ってもらい、③「思考を問う質問」で自分の思考を明確にしていきます。状況を見ながらですが、②と③の質問を繰り返して問いかけたあと、最後に④「目的を問う質問」で仕事を通じて本当に実現したいことは何なのか、という真の目的を明確にします。

少しわかりやすくするために、例示してみましょう。

①行動を問う質問（なぜ、この会社を選んだのか？）→「給料がいいから」→
②価値観を問う質問（なぜそれが大切なのか？）→「家族を幸せにしたいから」→
③思考を問う質問（それはどういうことか？）→「家族の幸せが自分の幸せにつながる」
→②と③の質問を繰り返す→
④目的を問う質問（本当は何を実現したいのか？）→「人々の心を豊かにしたい」

相手（部下）の答えがロジカルでなくても一貫性がなくても何ら問題ありません。どんな場合においても、ひたすら傾聴し続けましょう。

また、相手の答えがどんな内容であろうともジャッジしない、アドバイスもしないことが重要です。

大切なことは「自己理解を深めること」であって、正解を出すことではありません。

普段真剣に向き合うことがない「自分を内観する質問」と向き合うことで、自分にとって働くことの真の目的（内発的動機）が見えてきます。

答えるのに長時間を要することもあるでしょう。

それは「未知の領域」の質問だからです。

即答できるような質問は既知の領域ですから、新しい気づきや学びはありません。

何度も自分と向き合って「自分の心の声」に気づいたときに、部下は自ら動き出すようになるのです。

ポイント

- 人の働くモチベーションには「外発的動機」と「内発的動機」の2つがある。
- 部下の主体性を引き出すには、「内発的動機」を喚起する必要がある。
- 1on1で「内観の質問」を使うことにより、内発的動機は喚起できる。
- 内観の質問では、「行動、価値観、思考、目的」の4要素を問いかける。
- 自分と向き合って「心の声」に気づいたとき、部下は自ら動き出す。

従来のリーダーは

「動機を与えて」部下を動かす。

新時代のリーダーは

「動機を引き出して」部下を動かす。

部下をスキルアップさせる質問

▼「できる」と「わかる」の感覚を感じさせる

部下のスキルアップのさせ方に悩む上司は多いです。

特によく相談を受けるのは「どう教えたらいいのか？」という悩みです。

部下に身につけてほしいスキルが何かについては、上司は当然理解していますが、そのスキルを「どう教えるか？」については色々な教え方があるので悩むのです。


部下にスキルを習得してもらう場合、自社で対応するにせよ、外部の講師に依頼するにせよ、多くの場合、1対多の形式で行うことがほとんどです。

その理由は、会社として、多くの人数をまとめて研修したほうが時間的にも物理的にも効率的で、スケールメリットによるコスト削減効果もあるからです。

しかし、1対多のスキル習得にはデメリットもあります。

それは個々人のキャパシティー(能力)、経験、知識、強みや弱みなどが異なるため、1対多の研修では期待された効果が出にくいことです。

これは社内外を問わず、教える側の多くが直面する壁です。この壁を乗り越えるには、1対1の個別対応が必要なのですが、外部の講師に頼ろうとしても物理的に対応が困難な場合がほとんどです。

また、上司も教えることがそもそも苦手だったりするため、結果として、「あとは自分で頑張ってね」と放置プレーになってしまいます。

そこで登場するが「1 on 1」です。

1 on 1をうまく活用できれば、個別対応が柔軟にできます。スキルのばらつきを解消するだけでなく、個人の能力をさらに伸ばしていくことも可能です。

スキルの習得は、ノウハウを学び理解するだけでは不十分で、実践が大切です。何かを学んだとしても、実践する段階でつまずいてしまうケースが非常に多い。その主な原因は「自分にはできそうもない」とか「あるいはやる気がおきない」といったマインド面が強く関係しています。

1 on 1では、コーチングの手法を使いますので、そのようなマインド面の強化にも対応できる強みがあります。

▼スキルが身につきやすくなる「オートクライン」

1 on 1で、部下をスキルアップさせるには、「オートクライン」という概念を知っておくとよいでしょう（次ページの図参照）。

オートクラインとはもともと医学用語で「自己分泌」を意味します。コーチが投げかけた質問に対して、相手が深いレベルで考えを巡らせながら発した言葉が、自分自身に作用して、新たな気づきを得たり、意識の変化が起きたりすることを指します。

このオートクラインの作用によって、自ら気づきや学びを得ながらスキルを習得す

オートクライン

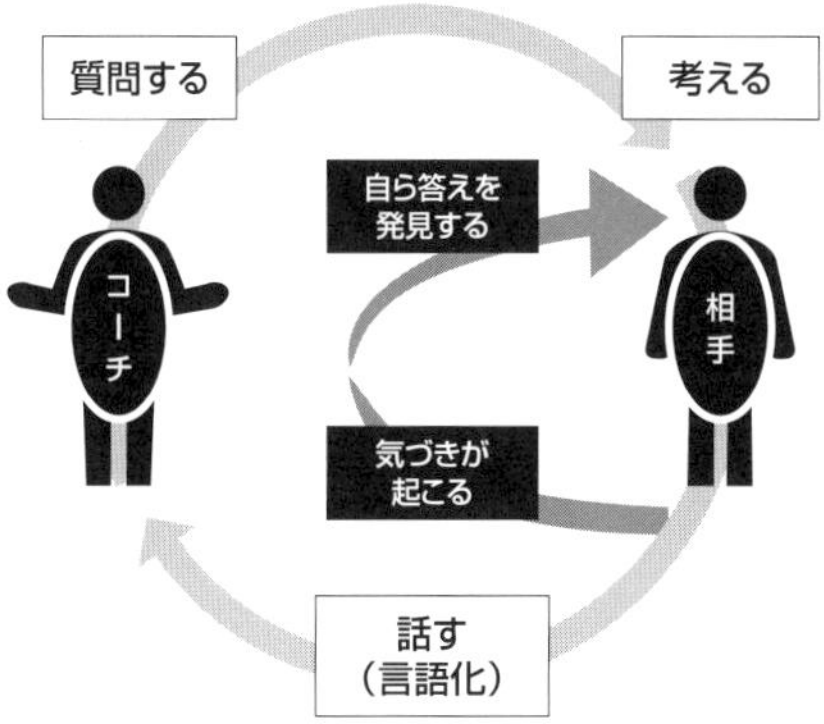

ることになります。

単に教えられたことをそのままやるだけの機械的な学習パターンと異なり、スキルそのものが「自分ごと」として身につきやすくなります。

スキルアップの場合、通常は、すでに確立された方法論（ノウハウ）を理解して（インプット）実践する（アウトプット）というプロセスをたどります。

このプロセスでハードルとなるのは、①できそうにない、②よくわからない、の2つです。

そのため、部下をスキルアップさせるには、次の「2つの感覚」を感じてもらう質問の仕方が効果的です。

1 自分はできるという感覚

人は「できそうにない」と思った瞬間、行動がストップします。反対に「できそうだ」と感じられれば、すぐに行動します。この「自分はできる」という感覚を持ってもらうには、「As ifフレーム」という質問法を使います。

具体的には「もし、できるとしたら、どのようにできますか？（あるいは、何から始められますか？）」と問いかけます。部下が「できそうにありません」と答えても、「もし、少しでもできるとしたら？」と、わずかな可能性を問いかけます。

この問いによって、部下はできないという思考停止の状態から解放されて「できるようになるには、どうしたらいいか？」という前向き思考に変化していきます。そして、オートクラインが起こると、「これくらいなら、できるかもしれない」という「できる感覚」が徐々に湧いてきます。

この「できる」感覚を少しでもイメージできれば、部下は大きく一歩前進することができるのです。

2　明確になったという感覚

スキル学習では、「よくわからない」という壁に直面します。ノウハウそのものがよくわからない、あるいはどう実践したらいいかよくわからない、というものです。「よくわからない」というのは、霧が立ち込めていて周りがよく見えない視界の悪い状態とよく似ています。

視界が悪いと、どこに行くのかもわからず、心理的にとても不安になるわけです。そうなると、人は不安になって行動したくても行動することができません。

この視界不良の状態をなくし、良好な状態を作ることが大切です。

そのためには、**「明確化の質問」**を使います。具体的には、「理解できているところと、理解できていないところはそれぞれ何ですか？」と問いかけます。

客観的に「理解できている領域」と「できていない領域」を明確に区別するのです。これだけでも、理解できていないところが明確になり、その部分を集中して学習することができ、視界不良の状態はかなり改善します。

次に、「何が明確になったら、理解できていないところが理解できますか？」と問いかけます。

このように、今度は理解できていない領域にフォーカスして、さらに理解できるには何が明確になったらいいのか、をどんどん明確にしていってもらうのです。

そうすると視界がだんだん晴れ渡ってきて、不安も同時に軽くなり、行動していけるようになってきます。「明確さは力」なのです。


スキル学習のような、何かのノウハウを習得する場合においても、上司は何かを教えたり、アドバイスをしたりするのではなく、部下が自ら考え行動できる状態にすることが大切です。

学んだスキルを実践するには、何よりも、部下に「できる」と「わかる」の2つの感覚を感じさせることが鍵です。「1 on 1」のスキームは、そのような機会を提供してくれる最高の場になります。

ポイント

- 1on1は、自信がないなどの場合におけるマインドの強化に効果的。
- 良い質問は、相手のオートクラインが喚起され、意識の変化を呼び起こす。
- 「As ifフレーム」は、「自分はできる」という前向き思考に変化させる。
- 「明確化の質問」によって、視界不良の状態をなくせば、行動しやすくなる。
- 学んだスキルを実践するには、「できる」と「わかる」の２つの感覚が重要。

従来のリーダーは

部下に対して「あとは自分で頑張って」と放置プレーになる。

新時代のリーダーは

「できる」と「わかる」の感覚を部下に感じさせる。

第4章

人を育てるフィードバックの技術

人は自分を見ることができない

▼世界中の超一流のリーダーがコーチをつける理由

鳥には空気が見えない。魚には水が見えない。そして、人間には自分が見えない。

スポーツ界ではよく登場するようになったコーチという存在ですが、日本のビジネス業界ではまだ馴染みが薄いのが実態です。米国では大企業の約8割以上が人的資本開発にコーチングを導入しているとの話もあります。

かのマイクロソフトの共同創業者、ビル・ゲイツ氏は次のようにコーチの重要性を指摘しています。

「みんなコーチを必要としています。（中略）フィードバックを与えてくれる人は誰にでも必要です」

グーグルの元CEOエリック・シュミット氏も「今まで私が受けた最高のアドバイスは『あなたはコーチをつけるべき』ということでした」と語っています。

ほかにも、フェイスブックの創業者マーク・ザッカーバーグ氏、GEの元CEOジャック・ウェルチ氏、ビル・クリントン元米国大統領、歌手のレディ・ガガ氏など、一流と呼ばれる多くの経営者やビジネスパーソン、政治家、俳優、アーティスト、アスリートたちがコーチをつけています。

ではなぜ一流と呼ばれる人たちはコーチをつけるのでしょうか。

ゲイツ氏やシュミット氏などは、天才と呼ばれるような人たちです。そんな人たちがなぜわざわざコーチをつけるのでしょうか。

その理由は「自分のことは自分では見えない」ということをよく理解しているからです。

どれほどの天才であっても、自分という意識の枠から抜け出すことはできません。

自分を客観視しよう、と言ったりしますが、実際には自分で自分を客観視することは不可能です。本当に客観視するには、自分以外の人からフィードバックをもらう以外に方法はありません。

そのことがわかっているからこそ、一流の人たちは、さらに自分を高めるためにコーチをつけています。なぜなら、コーチという存在は、自分が見えていない部分を映し出してくれる鏡のような存在だからです。

自分を客観視して、さらに自分を成長させるためには、自分以外の人からフィードバックをもらうことがとても大切です。

このコーチがフィードバックをするとき、重要なポイントが3つあります。

▼フィードバックの重要な3つのポイント

1　アドバイスはしない

フィードバックと言うと、人事評価やコンサルタントからのフィードバックのように評価やアドバイスをもらうことをイメージされる方が多いですが、コーチングによるフィードバックは、それとは異なります。

コーチングによるフィードバックでは、相手から求められない限りは、アドバイスや評価は基本的に一切しません。

仮にアドバイスを求められた場合でも、その分野の専門家である場合に限るべきで、あくまで参考情報として提供するに留め、相手がその情報をどう活かすかは、相手が自ら考え判断するのが基本です。

このようなやり方をとことん貫く理由は、相手が自ら考え行動できるよう、相手の主体性、自主性を発揮してもらうためです。

面倒見の良い上司は、ついつい良かれと思って、部下にアドバイスをしてしまいます。しかし、これが常態化してしまうと、部下は上司のアドバイスに依存するようになり、自分の考えや判断に対して自信も責任も持てなくなってしまいます。

部下を依存体質にさせないためにも、コーチングによるフィードバックでアドバイスをしないことは必要不可欠な手法なのです。

2 客観的なフィードバック

客観的なフィードバックとは、コーチ側（上司）が主観を交えずに「事実をありのまま伝えること」です。

部下がネガティブな発言を繰り返したり、今まで一度も言ったことのない言葉を使う、などの言語メッセージのほかに、腕を組んだり、眉間にしわを寄せたり、といった非言語メッセージにも着目します。たとえば、

「今日のセッションで、『でも……』という表現が10回ありましたね」

「今回はじめて『自分にもできる！』と発言しましたね」

「今日は最初から最後までずっと腕組みをしていましたね」

「先ほどからずっと視線が下を向いていますね」


このように、コーチ側（上司）は客観的な事実をそのまま相手に伝えます。

その事実を聞いた相手は、言われてはじめて自分の状態に気がつくのです。

以前私とクライアントさんとのコーチングの際に「今日は、『でも……』を7回繰

り返していましたね」とフィードバックした際、ご本人は「え、7回もですか？」とはじめて気づかれました。

また、私が「改めて何か気づいたことはありますか？」と聞くと、『でも』を繰り返し、言い訳ばかりして行動に制限をかけているんだなぁ。そうかぁ、そういうマインドになっていたのか……」と感慨深そうにおっしゃっていました。

このように、単に事実をありのまま伝えるだけでも、相手は自分を客観的に振り返ることができるのです。

3　主観的なフィードバック

コーチ自身が感じたことをそのまま相手に伝えることを「主観的フィードバック」と言います。主観的フィードバックを行う場合には、ラポールを崩さないように最初に「私が今感じたことをそのままお伝えしてもいいですか？」と相手の許可を取りましょう。

この許可取りの言葉を一言入れるだけで、相手はコーチ側のフィードバックを受け入れる心構えができます。主観的フィードバックは時として相手の心に刺さり過ぎる場合もあるので、事前に許可を取っておくのです。
では、主観的フィードバックの例を挙げてみましょう。

「私は、あなたがまだ何かに怯えているように感じます」
「私は、あなたはこの仕事にまだ未練があるのでは、と感じました」
「私は、あなたが自分の才能を恐れているのかも、と感じました」

このように「コーチが感じたこと」をそのまま伝えます。
その際、断定的に伝えないことが大切です。「……のように」「……では？」「……かも？」のような表現を使い、あくまでコーチ自身が個人的に感じたこととして伝えます。

もうひとつ大事なポイントがあります。
それは、「私」を主語にして、あなたを主語にしないということです。
「Ｉメッセージ」とも言いますが、「私は」を明確にすることで、あくまで個人的に感じたことであり、ひとつの見方であることが伝わりやすくなります。「あなたは」を主語にしてしまうと、「私」以外の第三者も含まれているように感じられるので、断定的な物言いに伝わる可能性があります。次の2つの例を比べてみるとわかりやすいでしょう。

「私は、あなたが強がっているように見えます」（Iメッセージ）
「あなたは強がっているように見えます」（YOUメッセージ）

このように、主観的フィードバックは、Iメッセージで断定的な表現を使わず、コーチ自身が感じたことをそのまま伝える手法です。

このような主観的フィードバックにおいては、**コーチの感じたことが「正しい」「合っている」かが重要なのではなく、コーチからの主観的なフィードバックを受けて、「自分が何を感じ、何に気づいたか」を振り返ることがより重要**です。

主観的フィードバックの特徴は、客観的フィードバックとは異なる、生身の人間が感じたことをそのまま伝えるからこそ、感じることができる「心の触れ合い」のような場を創り出してくれることにあります。

時として、相手が涙を流すくらいに深い気づきを得ることもあります。

「人間には自分のことが見えない」

だからこそ、さらに自分を高めるためにコーチによるフィードバックは必要なのです。

ポイント

- 「人間は自分のことが見えない」からこそ、フィードバックが必要。
- コーチングによるフィードバックでは、基本的にアドバイスは一切しない。
- 客観的フィードバックでは、「事実をありのまま」に伝える。
- 主観的フィードバックでは、「Iメッセージ」で感じたままを伝える。
- 「何を感じ、何に気づいたか」を省察させるのがフィードバックの鍵。

従来のリーダーは

フィードバックとアドバイスを同じだと思っている。

新時代のリーダーは

アドバイスをしないで効果的なフィードバックができる。

部下を伸ばすには褒めないほうがよい？

▼アドラー心理学のジレンマを克服する方法

以前、とある管理職の方からこんな質問を受けました。

「部下を伸ばすには褒めないほうがいいって聞いたのですが、本当でしょうか？　部下にフィードバックするときに、褒めたほうがいいのか、褒めないほうがいいのか、どっちなのか混乱しています」

この質問の背景には、空前の大ヒットとなった『嫌われる勇気』（ダイヤモンド社）

で一躍大ブームとなった「アドラー心理学」が影響していると考えられます。

アドラー心理学では、明確に「褒めることを否定」しています。褒めるとは、「相手の承認欲求を満たす」ことを指します。なぜ、アドラーが承認欲求を否定するかと言えば、相手の承認欲求を満たせば、相手が他者の期待を満たすために生きるようになり、自分の人生を生きることが難しくなるから、です。

先にも述べたとおり、承認欲求というのは、マズローなどの心理学者が言うように、人間の本能的な心理的欲求です。人間の生存にも影響を与えるほどの非常に強い欲求ですから、承認欲求を手放すのは非常に難しいでしょう。

一方、心理学的実験の結果、「褒める」あるいは「期待する」ことによって、人間のパフォーマンスが向上することも証明されています（ピグマリオン効果など）。

このように相対する情報が錯綜すると、冒頭の質問のように、「部下を褒めないほうがいいのか、褒めたほうがいいのか、いったいどっちなんだろう？」と混乱してしまうことでしょう。

では、どうしたらいいでしょうか？

私はこれまでの経験も踏まえ、**「他者の期待と自分の期待とが一致させられるか」**で判断すればいいと思っています。

アドラー心理学の原理原則で考えると、他者の期待を満たすことは、自分の人生を生きることにはならない、という解釈です。であるならば、他者の期待と自分の期待が一致していれば、それは何ら問題ない、ということになります。

現実の会社組織においては、上司の期待、会社の期待、お客様の期待など、複数の期待が本人に寄せられています。会社の存続や成長のためには、特にお客様の期待に応えることが不可欠です。

アドラー心理学の原理原則をそのまま当てはめて、「他者の期待に応えることは、自分の人生を生きることにならないから、と期待に応えない」でいられるかと言えば、それは実際には厳しいでしょう。

会社の立場からすれば、「自分の期待に応えてくれる会社に転職するか、独立・起業でもしてくれ！」と言いたくなる気持ちはわかります。

期待の共通領域を見つける

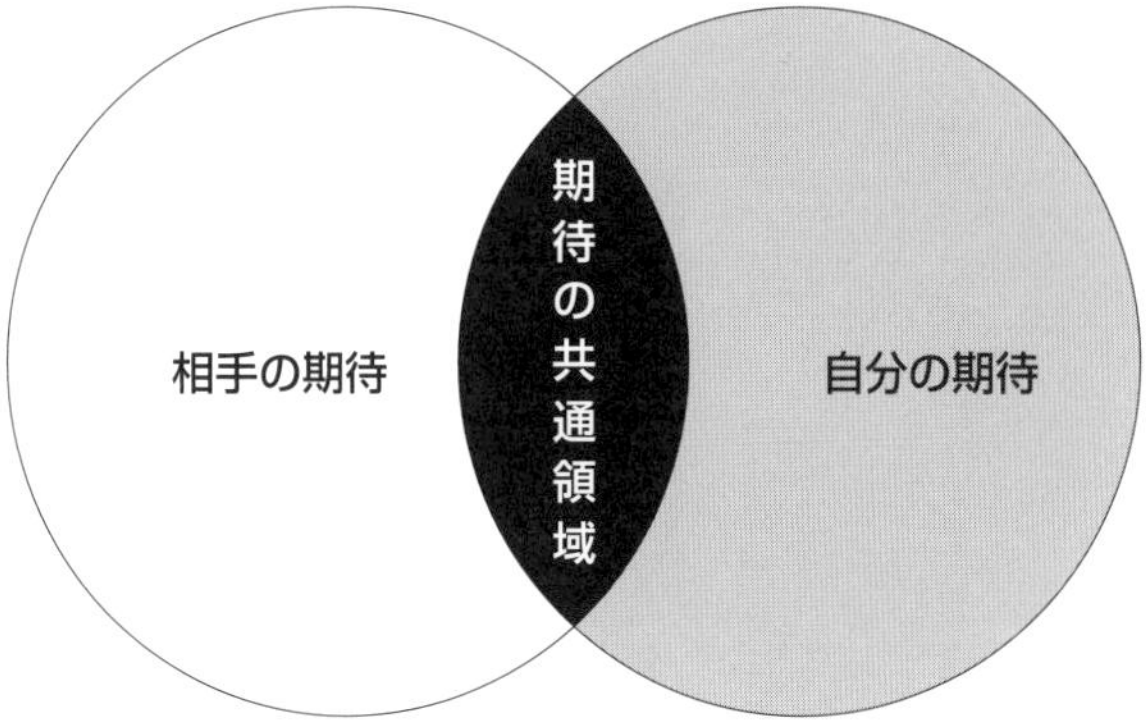

アドラー心理学は、個人のみに焦点を当てているものではないものの、個人の生き方（主観的認知のシステム）を重視しているので、組織心理学的な視点とは相容れない対立が生じてしまうのです。

このような対立を解消するひとつの方法として、**他者の期待と自分の期待が一致できる「期待の共通領域」を、上司と部下がともに見つけていくことが大切**です。

実際にこの「期待の共通領域」を見つけるには、まず部下に「自分自身に対して期待していること」をできる限り多く挙げてもらうことです。

部下からは「お客様から感謝されること」や「年内に昇進すること」など様々な自分への期待が出てくることでしょう。

次に会社やお客様が期待していることを同様にできる限りたくさん列挙します。列挙する際、上司と部下が一緒になって挙げていくといいでしょう。

会社が社員に対して期待していることは、人事面接や社訓などからもわかります（失敗を恐れずチャレンジする、など）。また、お客様が期待していることは、お客様アンケートや営業活動の場面などからも明確にできます（迅速に対応してほしい、など）。

そうして部下の「自分自身に対する期待」と、会社やお客様の「相手からの期待」が明確になったら、「共通点」を見つけていくのです。

先の例で言えば、相手（お客様）の期待（迅速に対応してほしい）に応えることにより、自分の期待（お客様にから感謝される）が満たされます。これがまさに「共通点」です。

このように、「自分自身（部下）の期待」と「相手（会社やお客様）の期待」との共通点を探していくことで「期待の共通領域」は明確になっていきます。

このプロセスを繰り返すことで、自分と相手との「相互理解」が深まり、アドラーの言う「共同体感覚」が芽生えて、会社やお客様とのつながりをより感じられるようになっていきます。

▼結果は褒めないで、プロセスを褒める

では、どのようにフィードバックしたら、部下は成長しやすいのでしょうか。

先ほどお伝えしたように、お互いの期待が一致する共通領域を見つける（あるいは創造する）ことができたら、部下を褒めてもOKです。

褒めるときには、**「結果ではなく、プロセス（行動）を褒める」**ことが大切です。

ビジネスにおいて大事なことは、成功確率を上げるための「正しいプロセス」を持てるかどうかです。

間違ったプロセスでは、期待した成果を得ることはできません。

成功確率の高いプロセスでなぜか結果を得られないこともあれば、反対に、成功確率が低いプロセスで運よく結果を得られたということもあります。

結果だけ褒めてしまったとしたら、効果的でないプロセスを正しいと思い込んでしまう可能性があります。

プロセス（行動）は変えられますが、結果は変えられません。

だからこそ、プロセスに着目してフィードバックする。

正しいプロセスを踏んでいたのであれば、結果にかかわらず、「○○さんのこれまでの行動は素晴らしかったね！」と褒めればいいのです。

もし、正しいプロセスを取ったにもかかわらず、期待した結果が得られなければ、「さらに成功確率を高めるにはどう改善したらよいか？」を問い続けることで、部下はさらに考えを深め、次への一歩を踏み出していくことでしょう。

ポイント

- 他者の期待と自分の期待が一致すれば、相手を褒めてもOK。
- お互いの期待が一致できるような領域を上司と部下が創り出すこと。
- 期待の共通領域は、部下とラポールを構築した上で、部下の本心を聞く。
- 部下を褒める場合には、「結果」よりも「プロセス」を褒める。
- フィードバックを行う場合にも、結果よりもプロセス重視で行う。

従来のリーダーは

「褒める」「褒めない」で悩んで行動できない。

新時代のリーダーは

お互いの期待が一致する共通領域を創造する。

やってはいけない部下の叱り方

▼部下の未来志向を促す技術

部下が失敗したとき、あなたはどんな対応をしていますか？

部下が何らかの失敗や間違ったことをしたとき、上司として一番大切なことは「自分の心の状態を整えること」です。

怒りが湧いてきてしまう人は要注意。怒りに任せて、部下を怒鳴ったり、罵倒したりすれば、パワハラになる可能性だけでなく、リーダーとしての資質が疑われてしまいます。

怒りとは二次感情で、不安、恐怖、苛立ち、寂しさなどの一次感情が引き金となっているとの学説もあります（レスリー・S．グリーンバーグ、ヨーク大学心理学部教授）。だから、「君が失敗したので、とても不安を感じている」と一次感情の気持ちを相手に伝えることで怒りを和らげる方法もあります。

ですが、自分の一次感情に気づく前に怒り出してしまうことが多いので、ある程度の訓練が必要です。

また、アンガーマネジメントでは、怒りの衝動は約6秒と言われているので、6秒間だけ怒りを我慢する方法や、怒りの元となる、自分の中の「……すべきである」という考えを手放す方法もあるといいます。

いずれにしても、怒りをコントロールすることに自信がない場合には、怒りをコントロールすることが、最初の重要なステップになります。

部下に適切にフィードバックするには、心を落ち着かせて、できるだけニュートラルな状態に持っていくことがとても大切です。

その上で、部下が間違いや失敗を犯したとき、どうフィードバックするか。

やってはいけないことが2つあります。

ひとつ目のやってはいけないことは、「勝手な解釈をしてしまう」ことです。

これは、上司がついついやってしまうことだと思います。

たとえば、部下が遅刻したとき、「遅刻するのは、やる気がない証拠だ！」と勝手な解釈をしてしまう。相手の話も聞かずに勝手な解釈をして決めつけることは、冷静さを欠いた「やってはいけないこと」なのです。

まずは、相手の話を聞いて、正確な情報を理解することが大切になります。

もうひとつのやってはいけないことは、「相手を否定してしまう」こと。

部下に対して「だから君はダメなんだよ」のように、相手そのものを否定することや、「こんな簡単な仕事もできないの？」のように、相手の能力を否定する言い方も、絶対に避けるべきです。自己肯定感が低い部下の場合、かなりの精神的ダメージを与えてしまいます。

このような「自分勝手な解釈」や「相手の否定」は、自分にしか意識が向いていない状態です。部下のことを思っていると言いながら、自己中心的な考えになってしまっています。

このような姿勢では、部下の話をちゃんと聞いてあげることはできないでしょう。部下に対する不十分な理解のままでは的確なフィードバックはしようもありません。

部下が失敗したり、間違ったりしたときに大切なのは、部下が自ら考え、次に改善できるようフィードバックすることです。

具体的には次のような「5つのステップ」を踏んでいきます。

その際、決して責め立てるような態度や声のトーンで質問しないことが大切です。

1　原因を振り返る

「なぜ、間違ってしまったのか？（あるいは、失敗してしまったのか？）」と問いを立てて、部下が自ら原因を振り返ることができるように、時間を十分に取ってあげます。原因を振り返ることで、次に向けた改善策を考えるアイデアを得ることができます。

2　改善策を考える

振り返りができたら、上司から改善のアドバイスをするのではなく、「どうすれば改善できると思う？」と質問を投げかけて、部下の考えを引き出します。部下からの改善案が不十分だと思われる場合には、さらに問いを立てて「なぜ、その改善案が効果的だと思う？」とさらに思考を深めてもらいます。

3　参考情報を提示する

どうしても部下から的確な改善案が出てこない場合のみ、参考の改善案を上司から提示します。

その場合、上司の改善案を丸呑みさせるのではなく、「この改善案と自分の改善案の違いはどこにあると思う？」や「さらに改善できることがあるとしたら、何だろう？」と、自分で深く考え抜く機会を与えましょう。

4　未来志向を促す

失敗や間違いを強制的に反省させても意味がありません。失敗や間違いを恐れるあまり、新しいことにチャレンジできない「指示待ち部下」を増やす原因にもなりかねません。

「今回の失敗から学んだことは何だろうか？」と問いかけて、部下が積極的に行動できるよう未来志向を促すことが重要です。

5　勇気づけを行う

部下が失敗したり、間違ったりした場合、上司が思っているよりも本人は落ち込んでいることが多々あります。1から4までのステップを踏んだあとは、部下が未来志向で行動できるように勇気づけることが大切です。具体的には「応援しているよ！」や「前を向いていこうな！」などの言葉を元気よくかけてあげましょう。

フィードバックと聞くと、ついつい部下に対して何か具体的にアドバイスすることと思われがちですが、部下が間違ったり、失敗したりした場合においても、とことん部下に考え抜いてもらうことが大切なのです。

人は、成功したときよりも、失敗したときのほうが多く学ぶことができます。

「失敗はない。あるのはフィードバックだけ」なのです。

部下の未来志向を促すことで、部下は自ら成長していきます。

ポイント

- 部下が失敗したとき、上司はまず「自分の心の状態を整えること」が大切。
- 部下にフィードバックするには、ニュートラルな状態で行う。
- 部下の話を傾聴し、正確な情報を把握することから始める。
- 部下が自ら考え、次に改善できるように未来志向のフィードバックを行う。
- 人は失敗したときのほうが、学びや成長が大きい。

従来のリーダーは
叱ることと怒ることを同一視している。

新時代のリーダーは
未来志向を促すフィードバックを行う。

部下からのフィードバックのススメ

▼お互いに学び、成長する仕組み作りが大切

上司も自分のことは見えていません。

ですから、会社組織に常に潜むリスクは「リーダーは裸の王様にいつでもなりうる」ということです。

裸の王様とは、周囲がリーダーに忖度《そんたく》をして、本来改善して然るべきことが伝達されず、恥ずかしい状態に気づかないままリーダーとして振る舞うことです。

これは笑いごとでもなく、時に組織の存続を揺るがしかねない事態になります。

裸の王様が暴君ぶりを発揮して組織を壊滅させたり、世の中に害悪を与えたりした

事例は、枚挙にいとまがありません。

だからこそ、**リーダーは自分自身を客観視し、学び、改善、成長につなげるためにも、部下からのフィードバックを受ける**必要があります。

フィードバックは上司から行うもの、という常識を捨てて、部下からもフィードバックを受ける「相互フィードバック」が、お互いの学びと成長をより高めるためにも効果的です。

では、部下からのフィードバックを受けるメリットはどのようなものでしょうか？


【上司にとってのメリット】

1　客観的に改善すべき点を把握できる　↓　学びと成長の機会を得る
2　客観的に素晴らしい点を把握できる　↓　自信とやる気の向上につながる
3　部下目線で物事を捉えることができる　↓　部下をより深く理解できる

【部下にとってのメリット】

1　フィードバックのスキルを習得できる　↓　対人観察力が向上する

2　人材育成力を習得できる　→　将来のリーダーとしての能力が向上する

3　上司目線で物事を捉えられる　→　上司をより深く理解できる

【双方にとってのメリット】

1　横の関係性が構築できる　→　上下関係では見えなかった気づきや学びを得る

2　改善スピードが上がる　→　上司へのフィードバックで放置プレーが減少する

3　信頼関係がより深まる　→　双方向のフィードバックで相互理解が深まる

ほかにもメリットはありますが、上司から部下への一方通行なフィードバックによる「自らを客観的に省みる機会がない」という根本的な弊害を取り除く以外に、「部下育成の観点」からも部下からのフィードバックを受けることはとても有益なのです。

私が主催しているコーチング講座には、経営者の方、部下を抱える上司の方、部下の立場の方、主婦の方など、様々な方々が参加されています。その講座の中で行うワークで、肩書きや役職や年齢に関係なく、参加者が対等な立場でお互いにフィードドバックを行う機会があります。

特に、経営者や上司の立場の方には、とても新鮮な経験なようで、毎回のように、「自分では見えていなかったことがたくさんあることに気がつきました」「新しい気づきを得られて、これまでにない変化や成長を実感しています」などの感想をいただきます。

会社組織の中でフィードバックを行う場合も同様ですが、役職や年齢などをいったん横に置いて、対等な一人の人間としてフィードバックを行うことが大切です。

このような対等にフィードバックし合える環境を作るには、前章で詳しくお話しした1 on 1の枠組みを活用するのが最も効果的でしょう。

フィードバックの際のみならず、1 on 1のセッション中は対等な「横の関係」で上司と部下がかかわり合うことがとても大切です。

部下から上司にフィードバックする際の基本的なポイントは、最初に「上司と部下の信頼関係を深め、お互いに気づき、学び、改善、成長へとつなげていく」という共通の目的を理解し共有し合うことです。

双方が気をつけるべき姿勢として、まず、上司は耳の痛いことも感謝の気持ちで受け止めること、です。

一方、部下としては、上司に変に気を使ったり、忖度したりすることがないように、ニュートラルな姿勢で臨むことが大切です。

具体的なフィードバックの方法は、すでにお伝えしたように、客観的な事実をそのまま伝える「客観的フィードバック」と、自分が感じたことを、「私は……というように感じました」とIメッセージを使って伝える「主観的フィードバック」の2つの方法を使って行うのが基本です。

さらに、主観的フィードバックを行う際には、相手の望ましいと思われる行動を肯定的な言葉で伝える「ポジティブ・フィードバック」と、改善したほうがよいと思われる行動を（批判や否定はしないで）具体的な言葉で伝える「ネガティブ・フィードバック」の両方を行うことを基本ルールとして定めておくといいでしょう。

その理由は、部下が上司に対して忖度し、ポジティブ・フィードバックしかしない、あるいは反対に、個人的感情が原因でネガティブ・フィードバックしかしないというような偏ったフィードバックを行わないようにするためです。

部下を育てる上司の立場から考えると、上司から部下に対するフィードバックしか想像できないかもしれません。

しかし、お伝えしたように、部下が上司にフィードバックすることによって、部下の能力向上につながるほか、上司自身が新しい気づきや学び、成長の機会を得ることができます。

上司がより成長すれば、部下に対するフィードバックの質もさらに高まり、それが部下のさらなる成長につながっていくことでしょう。

双方向のフィードバックは新たな相乗効果をもたらすのです。

ポイント

- 会社組織の大きなリスクは「リーダーは裸の王様にいつでもなりうる」こと。
- 部下からのフィードバックで上司は自分を客観視できる。
- 部下によるフィードバックは、部下自身の学びや成長を促進する。
- 双方が対等な「横の関係」に立って、ニュートラルにフィードバックを行う。
- 相互フィードバックによって、上司と部下との信頼関係、学び、成長が加速する。

従来のリーダーは

一方通行のフィードバックしかしない。

新時代のリーダーは

双方向のフィードバックで自分も変わる。

第5章

リーダーが大切にすべき自分の声を聞く技術

真のリーダーは「自分の心の声」を聞ける人である

▼空気を読んでも流されてはいけない

リーダーとは何者なのでしょうか？

私の答えは明快です。それは、「**己を導ける者**」のことです。

多くの場合、リーダーとは、多数の人々を導く人のことを指します。ですが、私は、リーダーは集団を導く前に、「自分が信じる道に自分自身を導ける人であること」がとても大切だと思っています。

「ＫＹ」という言葉を聞かれたことはあるでしょうか。

ＫＹは一時期、会社組織における大きなテーマとして取り挙げられました。ＫＹとは、「空気が、読めない」を意味します。特に日本の会社組織においては、「空気をいかに読めるか」が生き抜く戦術として重宝されてきました。

空気を読むとは、たとえばこんな感じです。

1　多くの社員が新規事業の立ち上げに賛成している（場の状況）
2　自分としては、新規事業の立ち上げには反対だ（個人の信念）
3　反対すると、多くの社員から反発をくらいそうだ（場の空気）
4　自分の本心に反して「賛成」を表明する（場の空気に合わせる）

最近の「忖度」にも通ずるところがあります。どんな会社組織を見ても、必ずと言っていいほど垣間見られるのは、リーダーがいい考えやアイデアを持っていても、場の空気を読んで、結局周りに合わせた行動を取ってしまうことです。

山本七平氏の名著『「空気」の研究』（文藝春秋）では、日本が敗戦に追い込まれた理由のひとつとして、「場の空気」による影響力を指摘しています。

この空気が厄介なのは、合理的な判断を狂わせ、思考停止を招いてしまうことです。先ほどの例でお伝えすると、新規事業の立ち上げ準備や戦略も不十分であり、時期尚早であるとの合理的根拠が示されているにもかかわらず、社員の士気が高まっている今だからこそチャレンジすべき、のような雰囲気に流されて、やるべきではないことを実行してしまう、そんなイメージです。

では、リーダーに求められる姿勢とは何でしょうか？

それは、**「空気を読んでも空気に支配されない」**ということです。

リーダーとして、空気を読むことは必要なことです。たとえば、社員が何をどう考えているかについて理解を深めていくプロセス自体は、リーダーが独断専行に陥らないためにも大切です。

他方で、多数が誤った考えや判断をしてしまっているような場合はどうでしょう。たとえば、往々にしてよくあるのが、正しい判断を行うために必要な情報が共有されておらず、印象の範囲でしか考えることができないケースです。

このようなケースでは、皆がそう考えているからと言って、その空気に合わせた判断や行動を取れば、組織は間違った方向に進んでいってしまいます。

そんなとき、その流れを食い止められるのは、リーダーしかいません。だからこそ、リーダーには多数の空気に支配されない「勇気ある行動」が強く求められます。

とはいえ、大抵の場合、自分の保身や周囲の評価などを気にして、勇気ある行動をなかなか取れないのが実情でしょう。

このどうしようもないジレンマを乗り越えるためには、「自分の心の声」を聞き、自分が信じる道に自分を導いていくことが大切です。


「自分は何を恐れているのか？」

「自分に対して正直だろうか？」

「自分が大切にしたいことは何か？」

「本当はどうしたいのか？」

「これはリーダーとして本当に正しいことなのか？」


このような自分の本心を聞く質問にとことん向き合ってみるのです。その結果、それが自分の信じる答えだとするなら、勇気を出して場に投げてみる。そのこと自体が大切なのです。

リーダーの役割は、正しい答えを教えたり、自分の意見に従わせたりすることではありません。**大切なことは、組織が思考停止に陥らないように、「一石を投じて、波紋を広げること」**なのです。

場の空気に合わせて、組織を思考停止のまま放置しておくのがリーダーの役目ではありません。それはもはやリーダーとは言えないでしょう。

「自分の心は何と言っているのか？」

自分の心の声に耳を傾け、自分の信じる道へと自分を導くこと。

自分の心の声に向き合い続けることで、場の空気に流されない、揺るぎない自分軸を持つことができます。

そうなってはじめて、リーダーは組織や集団に対して、いい影響が与えられる存在になっていくのです。

ポイント

- リーダーとは、他者だけでなく、己を導ける者である。
- 場の空気は、合理的判断を狂わせ、思考停止を招く危険性がある。
- リーダーに求められる姿勢は「空気を読んでも空気に支配されない」こと。
- 場に「一石を投じて波紋を広げる」のがリーダーの役目。
- 自分の心の声に耳を傾け、自分が信じる道に自分を導くことが大切。

従来のリーダーは

場の空気に合わせることを大切にする。

新時代のリーダーは

自分の心の声に従い、場に一石を投じる。

リーダーはなぜ変われないのか？

▼リーダー特有の「自己矛盾の壁」を打ち破る方法

「あの上司の言うこと、いつも矛盾しているよね」

今後は部下の意見を積極的に取り入れると言ったにもかかわらず、相変わらず自分の意見を押し通す上司。このような上司の自己矛盾は、職場でもよく見られます。

矛盾している自分に気づいていない場合もありますが、実は、自分が矛盾していると認識しているにもかかわらず、「変われない自分」に悩む上司がとても多いのです。

ハーバード大学のロバート・キーガン教授は、人や組織が変われないのは、変わろうとする「表の目標」に対して、その実現を阻害する「裏の目標」が存在しているからだ、と指摘しています。

そして、その裏の目標を達成するために表の目標と矛盾する行動を取ってしまうのです。たとえば、次のようなイメージです。

【表の目標】部下の意見を積極的に取り入れたい（変化しようとする意図）

←

【裏の目標】上司としての権威性を維持したい（変化を阻害する意図）

←

【矛盾した行動】自分の意見を押し通す（変化を阻害する行動↓裏の目標の実現）

表の目標である「部下の意見を取り入れる」と上司の権威性を維持できなくなります。対して、裏の目標である「上司の権威性を維持する」と部下の意見を取り入れられません。

変化しようと意図して「表の目標」を掲げるのですが、上司は「裏の目標」を達成したいがために（あるいはその誘惑に駆られて）、自分の意見を押し通すという自己矛盾をしでかしてしまうのです。

では、このような状況を避け、変化を起こしていくにはどうしたらいいでしょうか。変化を起こすための第一歩は、「矛盾した行動に潜む裏の目標は何か」を自分自身で突き止めることです。

そのために、リーダーは自分の心の声に「素直に」耳を傾けなくてはなりません。なぜなら、裏の目標は、自分でも目を背けたくなるような、人には言えない「利己的なもの」である場合が多いからです。

たとえば、「出世したい」、「称賛を得たい」、「偉く見られたい」、「あいつに負けたくない」、「嫌われたくない」、「評判を落としたくない」などのような内容は、人前でオープンにできるようなものではありません。

だからこそ、自分に対して素直になって耳を塞がずに「自分の心の奥底にある願望」と向き合う必要があるのです。そうして自分の裏の目標を突き止めることができれば、自己矛盾した行動の要因を客観的に理解することができます。

裏の目標を突き止めることができたら、次は「WHYの質問」で「なぜそうなのか？」を徹底的に自分自身に問い続けます。自分で難しいようであれば、コーチのサポートを借りても良いでしょう。

たとえば、

「なぜ、出世したいのか？」（WHY）→「周囲に認めてもらいたいから」（理由）→「なぜ、周囲に認めてもらいたいのか？」（WHY）→「これまで人にバカにされてきて見返したいから」（理由）→「なぜ、見返したいのか？」（WHY）→「見返せれば、自信を取り戻せるから」（理由）……

このような具合に、自問自答を繰り返していきます。そうすることで自分の心の奥底にある裏の目標の「真の目的」に近づいていきます。

裏の目標にある「真の目的」が理解できれば、さらに深いレベルで自分を客観視することが可能となります。すると、自分の思考と行動に対して冷静に判断ができるようになってきます。

自己矛盾した状態とは、自分の行動を客観的に把握できていない状態ですから、まずは自己理解を深めて己を客観視することがとても大切なのです。

最後は、表の目標と「一貫性のある行動を取ること」です。

自己矛盾に気づき、裏の目標における真の目的が突き止められれば、客観的に自分の状況を把握できているはずです。冷静かつ客観的に自分を見られる状態を作っているからこそ、「一貫性のある行動を取るにはどうしたらいいか？」という問いに対しても答えを導き出せるようになります。

一貫性のある行動は、部下からの信頼を得るだけでなく、自分自身に対する信頼を得る上でも不可欠なこと。自己理解を深め、自己矛盾の壁を越えたときに、一貫した行動を取ることができます。

そのときにはじめて、リーダーは変わることができるのです。

ポイント

- 変われないリーダーは、「裏の目標」があるために自己矛盾してしまう。
- まずは、「自分の心の奥底にある願望」と素直に向き合ってみる。
- 「裏の目標」が明確になったら、次にその「真の目的」を明確にする。
- 「表の目標」と一貫性のある行動を取るにはどうしたらいいかを追求する。
- 自己矛盾の壁を越えたときにリーダーは変わることができる。

従来のリーダーは

自己矛盾を感じたまま、矛盾した行動を取り続ける。

新時代のリーダーは

自己理解を深めて、自己矛盾の壁を越えていく。

リーダーのためのセルフコーチング

▼孤独なリーダーのための困難を乗り切る秘訣

リーダーはいつも孤独と戦っています。

周囲の反対を押し切ってでも決断を下さなくてはならない。何か事が起きれば、すべての責任を引き受けなくてはならない。困難に直面したとき、相談したくても気軽に相談できる相手もいない。リーダーは、一人であらゆる物事に対処していかなくてはならないのです。

そんな孤独と戦っているリーダーにとっておきの方法があります。

それは「セルフコーチング」という手法です。

セルフコーチングとは、自分で自分をコーチングする方法のこと。

本来コーチングは、コーチという第三者の存在からコーチングを受けることで、自分では見えない部分が映し出されることにより、新しい気づき、学び、変化、成長が得られます。もちろん、コーチを雇えるならそれがベストですが、雇いたくても雇えない場合もあることでしょう。

そんなとき、威力を発揮するのがセルフコーチングなのです。

セルフコーチングには色々なやり方がありますが、ここでは孤独と戦っているリーダーのための「困難に打ち勝つセルフコーチング」の方法についてお伝えします。

▼困難に打ち勝つセルフコーチングの方法

ステップは、次の4つからなります。セルフコーチングを使う状況としては、困難に直面してどうしたらいいのかわからないときや、先の見えない不安に襲われて思考停止してしまっている場合などに効果を発揮します。

1　自己を再認識する

最初のステップで大切なことは、「自己を再認識する」ことです。困難に陥っているときは**「視野狭窄の状態」**になっているので、あれこれ解決策を考えても場当たり的で、大抵の場合はうまくいきません。

ですので、まずは「今、自分がどのような状態になっているのか？」を見える化すること（自己の再認識）が極めて重要です。

具体的には、自分が今どのような質問パターンになっているかをノートに書き出すなりして、思考を見える化するのです。

なぜ質問パターンに着目するかと言えば、質問によって思考のフォーカスが変わるからです。つまり、今の自分がネガティブな状態に陥っているとしたら、それはネガティブな質問を自分にしている、ということです。

実際に書き出すとわかりますが、気が落ち込んで不安になっているときには、「自分は何をやってもダメなんじゃないか？」

「なんでいつも失敗するんだろう？」

「なぜ、自分はこんなにもできないのか？」

などのネガティブな質問を自分に対してしています。

まずは客観的に、自分の今の状態を作り出している質問パターンを認識することから始めましょう。

このような行為を「メタ認知」と言いますが、メタとは「高次の」を意味し、自分自身をできる限り客観的に認知しようとする行為のことを指します。

メタ認知することにより、ひとつの視点でしか見られなかった視野狭窄の状態から解き放たれ、思考に新たなスペース（余白）が生まれます。この余白ができるからこそ、新しい思考ができるようになるのです。

2　視点を転換させる

メタ認知で思考に新たな余白を作り出したら、次のステップでは、視点を転換させます。具体的には「時間軸の視点」と「第三者の視点」の2つの視点で考えると効果的です。

・時間軸の視点

時間軸の視点には「過去、未来、現在」の3つの時間軸があります。過去→未来→現在の順番で、次のような質問を自分に投げかけ、視点を転換させます。

「10年前の自分が、今の自分を見たら、どう見えるだろうか？」（過去の視点）

「10年後の自分が、今の自分を見たら、どう見えるだろうか？」（未来の視点）

「改めて、今の自分を見たら、どう見えるだろうか？」（現在の視点）

このように過去と未来に視点を移してから、改めて現在の自分を見てみると、最初の視点とは異なった新しい視点で、今の自分の状態を見ることができます。

・第三者の視点

第三者の視点とは、自分以外の人を何人かイメージして、「その人だったらどのように考えるだろうか？」という質問を投げかける方法です。

たとえば、尊敬する著名人などをイメージして、「スティーブ・ジョブズ（アップルの創業者）なら、今の状況をどう見るだろうか？」のような質問を自分に問いかけます。

自分の発想とは異なる第三者視点で考えてみることによって、視野が広がり思考が柔軟になっていくのです。

▼理想の未来、新しい未来をイメージしよう

3　理想の状態を作る

視点を転換させて、思考が柔軟な状態になったら、今度は「理想の状態」を創り出すことが大切です。理想の状態を考える際には、「もし……だとしたら……」という現状の思考の枠を外す質問を使います。心理学では、「As ifフレーム」と言われたりしますが、ポジティブな形で使うと非常に効果的です。

たとえば、

「もし、最高の未来が待っているとしたら、それはどんな未来だろうか？」

というような質問です。

理想の未来を創り出すには、ロジックよりも、ワクワクするようなポジティブな感情が沸き起こってくるかどうかを基準にして、制限をかけずに具体的に描き出すことが大切です。

4　新しい自分を作る

最後のステップは、理想の状態を創り出すために、「どんな自分になりたいか？」を明確にしていきます。困難に直面して不安に陥っている自分は、「ダメなリーダー」とか「できないリーダー」のように自分自身を定義づけています。自分自身を定義することをアイデンティティーと言います。


具体的には、「あなたはどんな人ですか？（Who are you?）」と聞かれて、「私は○○です（I am ○○）」と自分を認識することです。

「私はバカ（天才）です」とか「私はA社の社員です」などです。

自分はバカだと思っている人は、バカな行動を繰り返します。自分はA社の社員だと認識している人は、（その人が認識しているレベルで）A社の社員らしく振る舞います。つまり、アイデンティティーは自分の行動を司る最も強力な要因となります（心理学では「プライミング効果」と言います）。

つまり、「理想の未来を創り出すには、どんな自分になりたいか？」という質問をすることによって、理想の未来を創り出せる自分を具体的に定義する、ことができるのです。

たとえば、「私は常にエネルギーと自信に満ち溢れ、人々に勇気と希望を与え続けるリーダーだ」のように新しく自分を創り出せたら、そのアイデンティティーにふさわしい行動を取るように変化していく、ということです。

このように、最後のステップでは、理想の状態にふさわしいアイデンティティーを創り出し、常に意識して行動を取り続けることが大切です。

単なる自問自答を繰り返すだけでは、セルフコーチングにはなりません。

セルフコーチングで鍵となるのは**「自分の中に、コーチという別の人間を創り出せるかどうか」**なのです。

ポイント

- リーダーが困難を乗り切る秘訣は、セルフコーチングを活用すること。
- 視野狭窄の状態から抜け出すには、自己を再認識する（メタ認知）。
- 視点を転換させるには、「時間軸の視点」と「第三者の視点」を使う。
- 理想の未来を創り出すには、ワクワクする感情を大切にする。
- 理想の未来を実現できるふさわしいアイデンティティーを定義する。

従来のリーダーは

ひとりよがりな方法で困難を乗り切ろうとする。

新時代のリーダーは

セルフコーチングをうまく使って困難を乗り切る。

「すべては自分の責任である」と言えるか？

▼責任とは反応を選択する力である

「責任」という言葉を聞いて、あなたはどう感じるでしょうか？

おそらく大半の人は、ある種の重苦しさを感じることでしょう。

たとえば「責任を取りたくないから管理職になりたくない」という社員が増えているように、人を縛り付ける鎖のようなイメージすら感じさせます。

部下がやらかした不祥事、ビジネスパートナーの失態など、「あいつのせいだ！」と他人の責任にしたくなることも多々あるでしょう。

ところで、英語では「責任」のことを何というかご存じでしょうか。

英語では「責任」のことを「responsibility」と言います。この「responsibility」の語源は「response（反応）」と「ability（能力）」から成り立っています。

つまり、「responsibility」とは、本来、自分の反応（response）を選択する力（ability）なのです。「責任」を「responsibility」と捉えることができると、責任に対する言葉の印象が変わってきたのではないでしょうか。

『夜と霧』という世界で９００万部のベストセラーとなった本の著者で、世界的に著名な心理学者、ヴィクトール・フランクル博士が次のような言葉を残しています。

Between stimulus and response there is a space. In that space is our power to choose our response. In our response lies our growth and our freedom.

［訳］刺激（stimulus）と反応（response）との間には、ある種の間（ま：space）が存在する。その間（ま）において、人間は自らの反応を選択する力を持っている。そして、その反応の中に、人としての成長と自由が存在するのだ。

フランクル博士は、ナチス・ドイツが第二次世界大戦中にユダヤ人などの特定の人々に対する絶滅政策によって最大の犠牲者を出したアウシュビッツ強制収容所に送られ、死の淵を経験しました。そのとき、絶体絶命の危機から彼を救い出したのは、まさに**「自らの反応を選択する力」**だったのです。

強制収容所という最悪の環境において、座して死を待つという反応をするか、希望を見出して生き抜くという反応をするのか、どちらの反応を取るのも「その人の自由」であるということなのです。

仮に、身の回りに起こる不幸な出来事を他人や環境のせいにしていたとしたら、それは他人や環境が変わらない限り、不幸はなくならないことを意味します。

つまり、他人と環境に縛られ続けるということです。それこそ、自分ではどうすることもできないという「不自由極まりない」状態を自ら作り出していることになるのです。

このことから、「すべては自分の責任である（I am responsible for everything.）」という考え方は、人を縛る不自由な鎖なんかではなく、むしろ、どう反応するかを自分自身で決めることができる、という「究極の自由」であることがわかります。

この「すべては自分の責任である」という考え方を持ち続けると、他人や環境に一切左右されない「すべては自分次第であり、どのようにでも対応できる」というリーダーとして最強のマインドセットを手に入れることができます。

「他人と過去は変えられない。自分と未来は変えられる」

「選択理論」を提唱したことで知られる世界的に有名なウィリアム・グラッサー博士の言葉です。

他人を直接変えることはできません。他人に影響力を与えることはできても、変わるかどうかは本人の選択次第です。過去に起こった事実を変えることもできません。できるのは過去の事実に対する解釈を変えることだけです。

結局のところ、他人や環境の責任にしても自分の無力感を肯定するだけ。であるならば、すべては自分の責任という立場を選択することで他人や環境に縛られない自由を選択したほうがいいのではないでしょうか。

リーダーとしてのあなたの心に聞いてみてください。そのどちらを選択するかも、あなた次第なのです。

ポイント

●責任（responsibility）とは、自分の反応を選択できる力。
●他人や環境の責任にすることとは、自分の無力感を肯定すること。
●他人と過去は変えられないが、自分と未来は変えられる。
●何事も自分次第というマインドセットが、リーダー力を高める。
●すべては自分の責任、という立場が「究極の自由」をもたらす。

従来のリーダーは

他人と環境のせいにして、自分を無力にする。

新時代のリーダーは

すべては自分の責任として、究極の自由を手にする。

リーダーの最強の武器は「聞く力」である

▼自分を導くビジョンを持つ者が本当のリーダー

あなたには「ビジョン」が見えていますか。

次々と降りかかる大量の仕事に追われる毎日。目の前のことだけに意識が奪われて、心にも余裕がなくなってくると、人間の視野は短期的で狭くなります。心に余裕がない心理的に欠乏した状態になるとＩＱが10％以上低下するとの話もあります。

「いったい、自分は何をやっているのか？」

そんな質問を繰り返し、自分のことすらよくわからない。判断力も低下してくると、思ったような結果が出なくなる。結果が出なくなると自信をなくす。その結果、行動が止まってしまう、という負のサイクルに陥ってしまいます。

そこで大切なのが、「ビジョン」です。

ビジョンとは、「理想の未来像」です。それは、宇宙の彼方にいつも同じ位置で輝き続ける北極星、あるいは、荒れた大海原に漂流したとしても進むべき方向を示してくれる羅針盤のような役割を果たしてくれるものです。

ソフトバンク創業者の孫正義氏はビジョンについて、次のように語っています。

「近くを見るから船酔いするんです。100キロ先を見ていれば景色は絶対にぶれない。ビジョンがあれば、少々の嵐にもへこたれません」

ビジョンがあるからこそ、困難や失敗に直面しても、ぶれずにへこたれずに進んでいけます。理想の未来像が描けるかどうかは本当に大切なことなのです。

一方、私がコーチとしてこれまでかかわってきた経営者や起業家などのリーダーの中には、ビジョンを持っていない人や、「会社の目標＝自分のビジョン」と勘違いしている人がいました。

彼ら彼女らの悩みは「これからどうしたらいいのかわからない」というものでした。一言で言えば**「自分のことを理解できていない」**のです。つまり、「本当の自分の声」が聞けていないのです。

「自分は、本当はどうしたいのか？」

この問いに対して、まっすぐに正直に向き合うことができていない。世間の目や社会の常識に囚われて、自分がやりたいことができない。あるいは親や周囲の期待などといった他者の期待に応えてばかりで、自分の人生を歩んでいない人もいます。

世界的な名著『ビジョナリー・ピープル』（英治出版）の中に、世の中に素晴らしい影響を与えてきたビジョナリー・ピープルを表すこんな一節があります。

「（中略）自分の大好きなことをしないのは危険なのだ。自分のしていることに愛情を感じない人は誰であれ、愛情を感じている人にことごとく負けてしまう」

「あなたは、自分の大好きなことをできているか？」

ビジョナリー・ピープルとは、自分の大切にしたいことを大切にできている人のことです。だからこそ、自分のしていることに愛情を持っています。それは、自分とかかわる人や組織や社会に対して、愛と感謝を感じていることと同じ。

リーダーは、ビジョナリー・ピープルである必要があるのです。

私のこれまでの人生は本当に波瀾万丈でした。

大学4年生のときには阪神淡路大震災で被災し危うく死にかけました。バブル崩壊後の就職氷河期の中、やっと就職した都市銀行では、パワハラや仕事のストレスで意識を失い、救急車で病院に搬送される始末。

その後、転職活動をする気力もなく、フリーターになりましたが、やがてすぐに貯金が底をついて、実家に引きこもることに。

その後、奇跡的にＪＩＣＡ（国際協力機構）に中途採用され、やっとの思いで憧れだった国際協力の仕事をすることができました。結婚もし、子供も生まれ、社会人になってはじめての幸せでした。

しかし、その矢先、最愛の妹が事故か事件かもわからないかたちで亡くなりました。当時私は31歳。幸せの絶頂から、いきなり地獄へ突き落とされました。それから10年近く、未来になんら希望を持てず、もがき苦しんでいました。家族にもさんざん迷惑をかけました。

そんなボロボロの状態だったとき、コーチングに出会いました。

コーチングによって、私は生き返ることができました。そして、長い間、自分を苦しめていた心の十字架を外せたとき、やっと自分の未来を描けるようになったのです。

それから私は、「自分にとって大切なことは何か？」を自分自身に対して問い続けました。その結果、組織に残るよりも、コーチとして独立し、自分が理想とする人生を実現していくことに決めたのです。私の人生は、自分が想像していたよりもずっと豊かで幸せなものへと変化していきました。

今、振り返れば、どんな辛い経験や失敗も、未来の宝となって自分を成長させてくれています。人生は点ではなく、線として未来へとつながっています。スティーブ・ジョブズ氏の言葉です。

You can't connect the dots looking forwards, you can only connect them looking backwards. So you have to trust that the dots will somehow connect in your future.

（訳）先を見通して点と点をつなぎ合わせることはできない。つなぎ合わせることができるのは、あとで振り返ってみたときだけだ。だから、私たちは今やっていることがいずれ人生のどこかでつながっていて実を結ぶだろうと信じるしかないのだ。

私は、「リーダーとは、自分で自分を導くことができる人」だと思います。それができてはじめて、人や組織、そして社会に対して、いい影響を与えることができる。リーダーが自立できていなければ、部下を自立させることもできません。

「あなたは、どんなリーダーになりたいですか？」

自分の本心と向き合ってみてください。自分の心の声を聞いてあげてみてください。本当の答えはあなたしか知りません。自分自身を深く理解することができれば、他者も深く理解することができます。

リーダーの最強の武器は「聞く力」なのです。

ポイント

●自分を導くビジョンを持つ者が本当のリーダーである。
●ビジョンがあるからこそ、困難や失敗に直面しても、ぶれずに前進できる。
●ビジョンとは自己理解。「本当の自分の声」を聞くことによって本物となる。
●リーダーは、ビジョナリー・ピープルであれ。
●本当の答えはあなたしか知らない。心の声を聞き続けること。

従来のリーダーは

形だけのビジョンは作るが、実際に機能させていない。

新時代のリーダーは

自分を導く「明確なビジョン」を持ち続けている。

おわりに

リーダーは「器」が命。

私がリーダーの方々にお伝えしたかったことです。部下だけでなく組織の成長も、リーダーの器以上になることはありません。

もし、リーダーを超えるような部下が現れたとき、その部下をさらに成長させることができるか、あるいはその芽を摘んでしまうのかは、リーダーの器次第なのです。

本書の冒頭でもお伝えしていますが、「話すは技量、聞くは器」と言います。そのような視点で考えたとき、改めてリーダーは自分自身の器を磨き続けることが大切であると気づかれたのではないでしょうか。

聞く力を身につけたとき、「部下とのコミュニケーション」や「部下との信頼関係」、あるいは「部下の育成」や「チームワークの作り方」など、これまでリーダーにとって難しいことのように思われた問題もうまくいくようになります。

「聞く力」によってリーダーの器は磨かれ、さらにその器は大きくなっていくのです。

往々にしてリーダーとは、その言葉どおり、前に立って人々をリードする存在として認識されています。それゆえ、人を引き付けるようなプレゼンができたり、誰もが納得できるように論理的に話せたりすることが重視されがちです。

もちろん、そのような能力もリーダーに求められる能力の一部ではあります。しかし、それよりももっと大切なことは、リーダーを支えてくれている部下のことを理解できる力なのです。

すなわち、「人間を理解できる力」なのです。

プロコーチとして活動する中で、私が常に感じていることですが、人が自ら動き出すのは、人から指示を受けたり、命令されたりしたときではなく、自分のことをちゃんと聞いてもらったときです。

つまり、ちゃんと聞いてもらって「自分のことを理解してくれた」と感じたときに、人は自らの意思で主体的に動き出します。

「部下が思いどおり動いてくれない」とか「いくら教えても部下が育たない」とかで悩んでいるリーダーがたくさんいます。

そんなとき大切なのは、的確に指示命令を出すことや、ロジカルに説明することではありません。**部下の顔をしっかりと見て、部下が今どんな状況なのか、どんな気持ちでいるのか、何の価値判断もせずにただただ話を聞いてあげることが大切**なのです。

「聞く力」は、人を動かすだけに留まりません。

本書でお伝えしてきたように、聞く力を身につけると、コミュニケーション力が高まる、信頼関係が作りやすくなる、モチベーションが向上する、仕事のパフォーマンスが上がる、より豊かな人間関係を築くことができる、人としての器が大きくなる……など、仕事や人生のあらゆる場面において、素晴らしい成果をもたらしてくれます。

また、自分の声も聞けるようになることで、より自分らしく、自信にあふれた働き方や生き方を手にすることができるようになります。

「聞く力」はどんなときでも、最強の武器として、あなたを支えてくれるのです。

本書を手に取ってくださった方々が、「聞く力」を身につけて、より豊かな人生を送れるならば、著者としてこれ以上嬉しいことはありません。本書を通じてあなたと出会えたご縁に心から感謝いたします。

最後になりますが、編集者の鹿野哲平さんには心から感謝いたします。

鹿野さんが私の才能を引き出してくださったおかげで素晴らしい本を世に送り出すことができました。また、本書を出版してくださったフォレスト出版の皆様にはこの場を借りて心から御礼申し上げます。

若くしてこの世を旅立たれた堀江信宏さんに感謝の気持ちをお伝えします。本書には堀江さんから学んだ数々の教えが引き継がれています。堀江さんは私のメンターでもありました。

そして、私をいつも応援してくれている「共感型コーチングビジネス講座」の受講生の皆さん、コーチングのクライアントの皆さん、元職場の外務省やＪＩＣＡでお世話になった皆さん、友人の皆に心から感謝いたします。

最後に、最愛の妻と二人の息子、私と妻の両親、天国から私を見守ってくれている妹に愛と感謝の気持ちを伝えます。本当にいつもありがとう。

令和二年　國武大紀

【主要参考文献】

堀江信宏著『人生の悩みが消える自問力』（ダイヤモンド社、2017年）
本間浩輔著『ヤフーの1 on 1』（ダイヤモンド社、2017年）
安田正著『超一流の雑談力』（文響社、2015年）
岸見一郎著『アドラー心理学入門』（KKベストセラーズ、1999年）
山本七平著『空気の研究（新装版）』（文藝春秋、2018年）
フレデリック・ラルー著『ティール組織』（英治出版、2018年）
ジェリー・ポラス他著『ビジョナリー・ピープル』（英治出版、2007年）
ヘンリー・キムジーハウス、キャレン・キムジーハウス、フィル・サンダール共著、CTIジャパン訳『コーチング・バイブル第三版』（東洋経済新報社、2012年）
ハーバード・ビジネス・レビュー編集部編『リーダーシップの教科書』（ダイヤモンド社、2018年）
ロバート・キーガン他著、池村千秋訳『なぜ人と組織は変われないのか』（英治出版、2013年）
スティーヴン・マーフィ重松著『スタンフォード式最高のリーダーシップ』（サンマーク出版、2019年）

ブックデザイン：小口翔平＋岩永香穂（tobufune）
ＤＴＰ：野中賢（システムタンク）
プロデュース・編集協力：鹿野哲平

【著者プロフィール】

國武大紀（くにたけ・だいき）

エグゼクティブコーチ
株式会社 Link of Generation 代表取締役
1972年生まれ。滋賀県長浜市出身。

大学卒業後、第一勧業銀行（現みずほ銀行）に入行するも、努力しても認めてもらえない自分に失望し、わずか1年半で退職を決意。社会人として最初の挫折を味わう。自分の行き場を見失い、様々な職業を転々とするが、一念発起してJICA（国際協力機構）に就職。以後16年間にわたり、発展途上国の国際協力に従事。

世界40カ国以上を渡り歩き、計300件を超える発展途上国の組織開発やグローバル・リーダー人材の育成などで実績を上げる。その後、数々のノーベル賞受賞者や各国首脳等リーダーを輩出してきたLSE（ロンドン政治経済大学院）に留学し、組織心理学の修士号を取得。名古屋大学大学院（国際開発研究科）客員准教授として指導した経歴も有する組織心理学のプロフェッショナル。

また、JICA労働組合の執行委員長を歴任したのち、外交官（OECD日本政府代表部一等書記官）となり、日本政府の国際援助政策の政策立案や国際交渉の第一線で活躍。

現在は、エグゼクティブコーチング、自己実現コーチング、およびプロコーチ養成などを行うほか、リーダーシップ開発や組織変革を専門とするコンサルタントとしても活躍している。

著書に『「聞く力」こそが最強の武器である』（フォレスト出版）、『評価の基準』（日本能率協会マネジメントセンター）がある。

公式ホームページ http://coach-leaders.com/
公式 Facebook https://www.facebook.com/linkofgeneration/

「聞く力」こそがリーダーの武器である

2020年5月3日　　初版発行

著　者　國武大紀
発行者　太田　宏
発行所　フォレスト出版株式会社
〒162-0824 東京都新宿区揚場町2-18　白宝ビル5F
電話　03-5229-5750（営業）
03-5229-5757（編集）
URL　http：//www.forestpub.co.jp

印刷・製本　日経印刷株式会社

ISBN978-4-86680-081-3　Printed in Japan